文化吉林

梨樹卷

# 弘揚長白山文化
# 打響吉林特色地域文化品牌

王儒林

　　吉林有文化，而且吉林文化有底蘊、有潛力、有特色、有希望。從前郭縣王府屯距今約一百萬年的石製工具到距今十六萬年的樺甸仙人洞和距今三萬年的榆樹人，從燕趙文化東進到漢武帝設四郡，從扶餘、高句麗、渤海文明的興衰更替到遼金、清朝問鼎中原，從抗日烽火、解放硝煙到新中國老工業基地的紅色記憶，從二人轉、吉劇、長影到吉林期刊、吉林歌舞和吉林電視劇現象，勤勞智慧、淳樸善良、勇於開拓的吉林人民在白山松水間創造出絢麗多彩的地域文化，成為中國文化版圖上一道獨特風景。

　　文化與山素來結緣，正如泰山之於魯，嵩山之於豫，黃山之於皖，長白山是吉林的象徵、吉林的品牌。吉林文化始終與長白山難捨難分、血脈相連，集中體現於長白山文化之中。長白山文化發源和根植於吉林沃土，是包容吉林各民族文化、蘊含吉林發展歷史、反映吉林人性格特質、凸顯吉林氣派的「大文化」，是中華民族「多元一體」文化的重要組成部分，源遠流長、博大精深，構成了吉林文化的骨骼和脊梁。在地域文化越來越受到人們關注、文化軟實力越來越成為衡量一個地區核心競爭力的重要指標的當今時代，大力弘揚作為吉林文化標誌性符號的長白山文化，把這份寶貴的文化資源保護好、挖掘好、利用好、開發好，對於打響吉林特色地域文化品牌，鑄造極具時代內涵的吉林精神，提升吉林文化軟實力，凝聚吉林改革發展正能量，無疑具有十分重要的現實意義。

近年來，我省大力推進以優秀吉林地域文化為主要內容的長白山文化建設，出台了《長白山文化建設規劃綱要》，啟動實施了長白山文化建設工程，在長白山文化資源保護研究、挖掘整理、開發利用等方面做了大量工作，取得了顯著成績。我們要進一步加強長白山文化理論研究，豐富長白山文化內核和外延，進一步加強長白山文化遺產的發掘、保護和展示推介力度，擴大長白山文化的影響力，進一步加強對長白山文化內涵的拓展和提升，把長白山文化資源更好地轉化為文化產品、文化事業和文化產業，推動長白山文化建設躍上新台階，推動吉林文化大發展大繁榮，為實現富民強省目標、中華民族偉大復興、中國夢做出貢獻。深入挖掘、研究、整理長白山歷史文化，既是一項宏大浩繁的系統工程，又是一項功在當代、利在千秋的基礎工程。希望有更多有識、有志之士投身長白山文化建設事業，讓這份寶貴的文化資源更好地服務於當代，惠澤於未來。

由省委宣傳部組織編撰的《長白山文化書庫》系列叢書，是長白山文化建設工程的重要標誌性成果。叢書從基礎研究、地方特色、主要藝術門類三部分，對長白山文化的歷史資源進行了全面細緻的挖掘和整理，堪稱長白山文化研究與普及的鴻篇巨製，不僅對研究和宣傳長白山文化大有裨益，而且對培育吉林文化品牌、樹立吉林文化形象也將產生積極的促進作用。在叢書即將付梓之際，謹表祝賀並向全體工作人員致以問候。

# 主編寄語

莊嚴

長白奇迤蘊靈秀，松江悠長毓文傑。千百年來，雄渾壯美的白山松水賦予了肥沃豐饒的吉林大地以生機和活力，滋養了吉林人民勤勞睿智、堅韌進取、寬容開放的精神品格，積澱了多元融合、底蘊深厚、色彩斑斕的地域文化。這獨具魅力的吉林特色地域文化猶如一株馥鬱芳香的花朵，在中華民族文化百花園中爭妍綻放。

文化是經濟發展之根，是社會發展之源。省委、省政府高度重視文化建設，制定出臺了《長白山文化建設規劃綱要》，把吉林省歷史文化資源工程列入宣傳思想文化工作「六大工程」之一。省委宣傳部深入貫徹落實省委、省政府的要求，開展《長白山文化書庫》建設，啟動實施了《文化吉林》叢書編撰工作，將其作為全省宣傳思想文化工作的重要舉措，周密部署，精心組織，強力推進，取得了預期成果，為全省人民奉獻了一份珍貴的精神食糧。

《文化吉林》叢書是《長白山文化書庫》中全景展現特色地域文化的重要組成部分。年初以來，我省廣大宣傳文化工作者以對家鄉、對歷史、對文化事業的高度責任感和使命感，不畏繁難，勤勉執著，嚴謹認真，精益求精，在資料收集、遺產挖掘、書稿撰寫等方面付出了大量艱辛的努力，進行了許多開創性的探索和實踐，圓滿完成了這次編撰任務。叢書編撰秉承傳播和弘揚吉林文化的理念，梳理總結吉林文化資源，提煉昇華吉林文化精髓，激發增強吉林人的文化自覺、文化自信，使優秀文化更好地服務於吉林的發展振興。

《文化吉林》內涵豐富，圖文並茂，辭美情摯，引人入勝，是人們認識吉林、了瞭吉林、研究吉林的概覽長卷，是吉林文化走向全國，面向國際的真誠心聲。叢書真實勾勒了吉林文化歲月滄桑的歷史縱深，生動展現了吉林文化多姿多彩的時代律動，帶我們走進吉林地域文化演進的舞臺，親身感受風雲激盪的文化事件，出類拔萃的文化人物，領略淵深源遠的文化景觀，妙趣橫生的文化傳說，體驗琳瑯紛呈的文化產品，淳樸濃郁的文化民俗。叢書將吉林文化的發展脈絡、現狀和未來，客觀詳盡地展現給廣大讀者，是一部能夠讀得進去、傳播開來、傳承下去的佳作精品。

　　鑒往以勵志，展卷當奮發。《文化吉林》這套融史料性、知識性、可讀性於一體的叢書，為我們進一步保護、研究、開發吉林地域特色文化提供了重要史料資源。作為後繼者，當代吉林人有責任、有義務肩負起將吉林文化充分融入社會主義核心價值觀，推動吉林文化發展進步的歷史使命，讓優秀傳統文化在繼承中創新，在創新中前行，在全國文化發展大格局中唱響吉林「聲音」，打造吉林文化品牌，樹立文化吉林形象。

弘揚長白山文化　打響吉林特色地域文化品牌

主編寄語

目
錄

第四章 · 文化景址

## 第五章・文化產品

## 第六章 · 文化風俗

第一章

# 文化發展概述

梨樹人文底蘊深厚，文學藝術源遠流長，文藝創作繁榮發展，有「中國二人轉之鄉」「中國詩歌之鄉」的美譽。

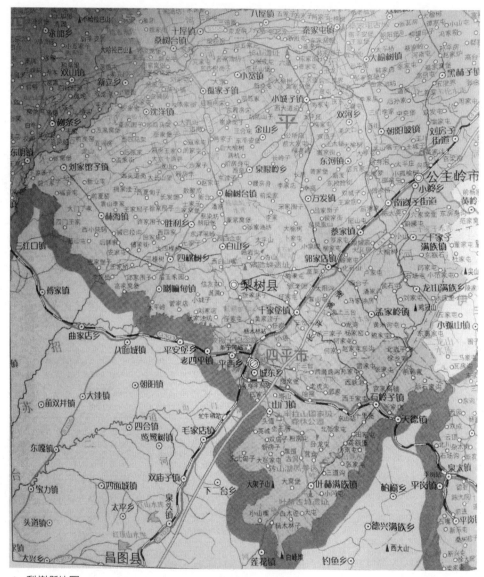

▲ 梨樹縣地圖

梨樹乃韓州故地。沃野糧豐，足彰物華天寶；菁英薈萃，正顯人傑地靈。昭蘇河秀，流出文風一脈；偏臉城古，叢聚才俊文朋。賦曰：

熱土梨樹，翹楚一方。

松遼野沃，昭蘇水長。

長春東眺，四平南望。

長山石器，文明史藏。

韓州故地，歷經滄桑。

先秦所志，乃燕北疆。

漢隸玄菟，扶餘之邦。

隋錫高麗，歲自開皇。

渤海所轄，時在大唐。

遼謂奚營，金築州防。

偏臉古邑，曾羈宋皇。

蒙兵燹火，夷為牧場。

清初封禁，柳植邊牆。

嘉慶伊始，移民墾荒。

光緒四年，奉化縣創。

民國易稱，梨樹名彰。

共和國立，紀元重光。

泱泱大縣，物博地廣。

玉米攢金，東北糧倉。

牧業發達，六畜興旺。

硅石油氣，富儲礦藏。

更喜今朝，人心思上。

與時俱進，求富圖強。

南城蔚起，北郭新妝。

工展鴻猷，商貿繁昌。

城鄉富庶，物阜民康。

重教弘文，「詩鄉」「轉鄉」。

回眸既往，且慨且慷。

驤首未來，夢想飛揚。

愛斯桑梓，建我家鄉。

眾志成城，再鑄輝煌。


　　梨樹縣位於吉林省西南部，松遼平原腹地，東經 123° 45´-124° 53´，北緯 43° 02´-43° 46´。東與公主嶺市以東遼河為界，北與雙遼市毗鄰，西與遼寧省昌圖縣接壤，南與四平市相連，縣城距四平市僅十五公里。地理位置優越，交通便利，「京哈」「四梅」「哈大」鐵路和「長大」高速公路、102 國道穿境而過。

　　縣境東西最大橫距九十二公里，南北最大縱距八十一公里，幅員三七五七平方公里。境內 80% 為平原區，土質肥沃，素有「東北糧倉」「松遼明珠」「黃金玉米帶」之譽。全縣糧食年均總產量二十億公斤，人均占有糧食、貢獻糧食

▲ 玉米攢金（彭景東 提供）

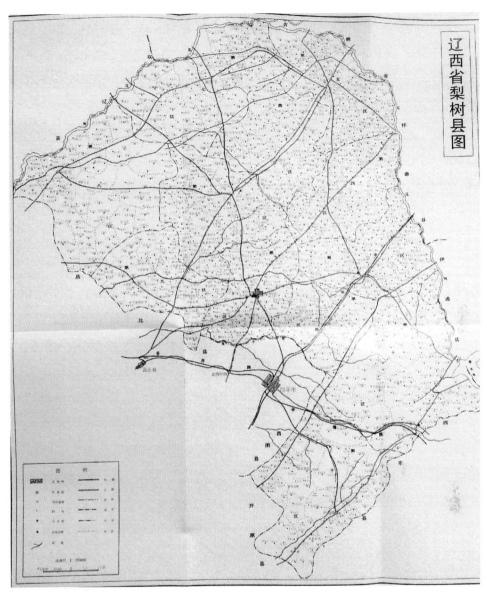

▲ 遼西省梨樹縣地圖（翻拍於《梨樹文史》）

和糧食單產、糧食商品率均在全國名列前茅，是國家重點商品糧基地縣、國家玉米生產基地縣、國家畜牧業生產先進縣和「國家級（食品類）農畜產品加工新型工業化產業示範基地」。

縣內礦產資源豐富，多達一百餘種，主要有金、銀、銅、鐵、鋅、石灰石、硅灰石、大理石、花崗石、石油、天然氣等。縣內硅灰石儲量在二千萬噸以上，石灰石儲量約十億噸。2012 年 10 月，中國非金屬礦工業協會授予梨樹縣「中國硅灰石之鄉」稱號。

梨樹人文底蘊深厚，文學藝術源遠流長，文藝創作繁榮發展。這其中尤以二人轉藝術一枝獨秀。2010 年，中國曲藝家協會授予梨樹縣「中國二人轉之鄉」殊榮。2011 年，梨樹縣被國家文化部命名為「中國詩歌之鄉」。

從境內長山遺址考證，上溯至新石器時代梨樹已有人類繁衍生息，多個北方少數民族迭居。

梨樹縣在漢至晉屬濊貊族後裔古扶餘屬地；在唐屬渤海扶餘府扶州轄地；在遼金時期為咸平府韓州屬地，韓州治所曾多次遷徙，天德二年（1150 年）州治所從柳河縣（今遼寧省昌圖縣八面城）移至九百奚營（今梨樹縣白山鄉岫岩村偏臉城）；元代屬開元路咸平府；明代廢府置衛，此地屬遼海衛（治所今昌圖老城）；正德八年（1513 年），居住在松花江、嫩江流域的海西女真族塔魯木衛一部在部落酋長祝孔革率領下南遷至縣境葉赫河岸定居，遂稱葉赫部。

清代以柳條新邊為界，南部為盛京西流水圍場一部，北部為內蒙古哲里木盟科爾沁左翼中旗屬地。道光元年（1821 年）昌圖廳於轄區北部設梨樹城分防照磨，始定區劃。光緒四年（1878 年）設縣治，名奉化縣，隸屬昌圖府。光緒八年（1882 年）縣境南部隸屬伊通州。

中華民國時期，廢府、廳、州制，實行省、道、縣制。中華民國二年（1913 年），縣境南部隸屬伊通縣。中華民國三年（1914 年），奉化縣更名梨樹縣。中華民國十八年（1929 年），奉天省更名遼寧省，梨樹縣隸屬遼寧省。1945 年置遼北省，1949 年 1 月撤遼北省設遼西省，梨樹縣隸屬遼北省、遼西省。

中華人民共和國成立後，1954 年 6 月 19 日，撤遼西省，同年 7 月 21 日，梨樹縣劃歸吉林省；1956 年 4 月，劃歸吉林省公主嶺專區；1958 年 10 月

23 日，設四平專區；1983 年 8 月 30 日，撤銷四平專區，改為地級市，實行市轄縣，梨樹縣隸屬四平專區、四平市。

梨樹縣現轄六鄉、十四鎮，共二十個鄉鎮。到 2010 年統計，全縣總人口747876 人，共有漢族、滿族、蒙古族等十九個民族。

梨樹縣歷史悠久，有人類活動的歷史，起碼可以上溯到距今五六千年以前的新石器早期，因此文物古蹟眾多。

新石器時代遺址現有 3 處，即小城子鎮（原河山鄉）的長山遺址、劉家館子鎮的張家油房遺址、大力虎村陳家坨子風水山遺址。遺址都在東遼河左岸附近的漫崗上。這些遺址地表散布著魚骨、貝殼、小動物骨骸、陶片和石器。

▲ 長山遺址出土的新石器時期的石斧

梨樹縣境內發現大致屬於青銅時代文化的遺址十處，即保存較好的孟家嶺的四楞格子山、大腦瓜山、小鍋頂山遺址，前王雜鋪遺址等。這些青銅時代遺址一般面積較大，採集到的石器皆為磨製，有石斧、石網墜、石矛、錘式斧等生產工具。陶器以素面夾砂陶居多，亦有少量夾砂紅陶、灰褐陶等，泥質陶極少。皆為手製，磨光，火候適中，器形主要有罐、壺、鬲、鼎、豆、紡輪等。

▲ 葉赫影視城出土的青銅時期陶鬲

▲ 金代半釉白陶罐

▲ 金代雞腿瓶

▲ 青銅時期單橋耳陶碗

▲ 青銅時期陶杯

▲ 金代「撲滿」

▲ 遼代陶罐

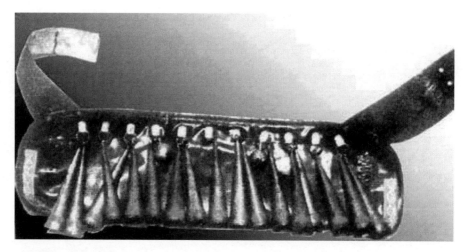

▲ 薩滿腰鈴

　　梨樹縣境內發現渤海時期古城三座，有石嶺子鎮的城子山古城、東河的城楞子南、北二座古城。在這三座城內發現了夾砂褐陶、泥質紅陶片、灰胎白釉、紅胎白釉、紅胎蟹青釉等瓷片和具有明顯渤海特徵的蓮瓣紋瓦當殘片等。

　　遼金時代的遺存在梨樹境內比比皆是，這一時期的城址十三座，多分布在中南部地區。其中最重要的城址是二○○六年五二十五日第六批公布為國家級重點文物保護單位的偏臉城。同時在縣內發現遼金遺址共一百多處，各鄉鎮都有發現。這一時期的墓葬（墓群）共發現二十餘處。遼金遺跡中，還發現古井二口。

　　這裡遼金遺物、遺跡如此之多，並非偶然。當時的梨樹縣境，是遼金政權統治下的腹心地區，也是交通要沖，這就必然造成遺存遍野、城堡林立的歷史現象。

　　這裡發現元代遺址一處，即石嶺鎮城子山古城遺址。

　　這裡明清時期的城址發現不多，都分布在東南部丘陵地帶。其中，葉赫東、西城及商間府城是國家級重點文物保護單位。據史料記載，這兩座古城應為明末扈倫四部之一的葉赫所築。

▲ 清代嫁妝瓶

▲ 中華民國時期銅瓶

▲ 清末民初仿大明宣德爐

縣內發現不少清代遺跡。在萬發鄉呂家崗子發現清代窯址一座，還發現清代驛站四個，有葉赫滿族鄉的葉赫驛站、楊木林子驛站、英額堡驛站、石嶺子驛站等。橫亙在梨樹縣境內的清代柳條邊，是這一時期重要的遺跡。最多見的是寺廟址，大小廟宇星羅棋布，各鄉、鎮都有。

近代以來，帝國主義列強入侵，縣內至今留有帝國主義踐躪梨樹人民、踐踏梨樹山河的歷史罪證。「九·一八」事變後，梨樹人民不甘屈辱，游擊作戰，抗擊日寇，縣內至今還留有他們當年消滅日寇的戰鬥遺跡，留有被人民戰爭埋葬了的日寇墓地。

在解放戰爭時期，有許多革命先烈，為了瞭放梨樹大地而英勇獻身。矗立在梨樹鎮原人民公園內的「梨樹縣犧牲烈士紀念碑」和石嶺鎮北部的「革命烈士紀念碑」，就是為了紀念那些為解放梨樹而壯烈犧牲的人民戰士而建立的。沈洋鎮的「沈洋烈士紀念碑」是為紀念解放戰爭時期，犧牲在那裡的時任梨樹縣委書記沈洋而建造的。孤家子鎮南郊還有「韓道良犧牲紀念碑」。這一座座豐碑，記載著梨樹縣人民革命鬥爭的光輝歷史。此外，梨樹縣城內的東北民主聯軍「四平保衛戰」指揮部舊址如今也已成為重要的愛國主義教育基地。

境內文化藝術豐富多彩，文藝創作繁榮發展。

光緒四年（1878 年），建縣之始文化僅處於啟蒙階段。光緒七年（1881年），鄉村已有蹦蹦戲（二人轉前身）表演。光緒十年（1884 年），《奉化縣志》始有文學創作記載。錢開震、趙萬泰、陳文焯（曾修纂《奉化縣志》）、孟松喬、曲延景、雲廣盛等士紳，都曾留下具有一定文學價值、歷史價值的題聯、碑記和詩賦。

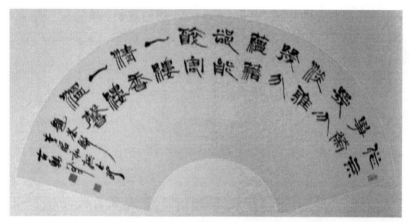

▲ 李俊和《詠茶聯》:「從不爭榮,幾分淡雅、幾分蘊藏;卻能醉客,一縷清香、一縷溫馨。」

中華民國時期,文學又有發展,詩詞作者日多。在民間,縣城時有評劇演出,小鎮及鄉村時有蹦蹦戲等曲藝節目和節日秧歌、元宵燈會及形形色色的廟會。

新中國成立後,梨樹文化的發展出現了歷史性的轉折。從這時開始,文藝形式也日益多樣,從單純的唱歌、演戲,逐步發展成為文學、美術、音樂、舞蹈、戲劇、書法、剪紙、篆刻等多種門類的綜合體系。

一九七八年以後,梨樹縣文藝事業步入興旺時期。二人轉的新成果,年畫的出版發行,創作人員和作品的增加,電影、圖書和群眾文化網絡的形成,多側面的反映出梨樹縣文化事業的新面貌。特別是進入上世紀九〇年代以後,梨樹的文學藝術發展更是方興未艾。一九八〇年,「梨樹縣地方戲團」恢復建制後,二人轉演出再現突破和發展,終登北京懷仁堂等大雅之堂,在藝苑中獲一席之地;吉劇在全省屢獲大獎;以趙月正為代表的地方戲劇本創作出現高峰;詩歌創作格外引人注目;以武子成、孫延來等人為主要創作者的小說、散文創作呈現出喜人局面;民間文學的蒐集、整理工作開始起步;梨樹農專教師王忠國出版了《行書蘭亭序》和《古今勸學詩帖》等書法字帖;音樂創作,以地方戲配曲成就最高。

自上個世紀九〇年代到現在，文學藝術呈現出了前所未有的繁榮景象。

影視劇創作生產喜獲豐收。1996 年，由中央電視台影視部、梨樹縣人民政府、長春電影製片廠影視藝術開發中心聯合攝製的二十八集電視連續劇《葉赫那拉公主》首開梨樹拍攝電視劇的先河並獲「駿馬獎」；2012 年，由張信編劇的大型電視連續劇《陽光路上》在央視一套播出；由梨樹縣立群影視傳播有限公司拍攝的電視連續劇《追求幸福的日子》，2014 年 6 月 1 日起在吉林電視台都市頻道播出。

文學創作繁榮發展。詩歌、楹聯、小說、散文創作整體推進，出現了質、量齊升的喜人局面。周興安、王芳宇、肖寒等作者的詩歌相繼在《詩刊》《人民文學》上發表；書法楹聯大家李俊和獲中國楹聯最高獎——梁章鉅獎；吳海中的小說連續被《小說選刊》《中篇小說選刊》所轉載；陶秋然詩詞入選《世紀詩詞大典》；孟德林獲「中華詩詞特別貢獻詩人」榮譽稱號；徐明森個人獲得全國各類詩詞楹聯賽事獎二十餘項。鑒於梨樹在詩歌創作上所取得的成績，2011 年國家文化部授予梨樹縣「中國詩歌之鄉」榮譽稱號。

民間文學上升到了一個更高的層次。1987 年，完成《吉林省民間文學集成·梨樹縣故事卷》的編輯出版。1993 年，雙河鄉農民王海洪被吉林省民間文藝家協會命名為「吉林省民間故事家」。1994 年 9 月，中國民間文藝家協會和聯合國教科文組織對其「民間故事家」稱號進行考察認證。

書法藝術再上新水平。全縣現有中國書法家協會會員七人，省級書法家協會會員二十四人，在全省縣（市、區）域整體實力中位次靠前。李俊和、白石、孫礪華、劉桐、王春山、劉彥明、於曉峰、彭景東、劉萬君、楊子實等多人多件作品在參加國家、省、市及相關係統舉辦的展覽、競賽中入圍並獲獎。

美術創作呈現出鮮明的地域特色。上個世紀八九十年代，梨樹年畫和農民畫創作達到了一個高峰。1986-1993 年，

▲ 已出版的梨樹民間故事書籍

縣文化館美術工作者李寶祥、劉忠禮、范恩樹等人的年畫，先後被吉林、黑龍江等地美術出版社出版，出版發行總量達到了九百餘萬份，同時屢獲省級以上獎項。其中，范恩樹的年畫《蒼松圖》在全國二十縣文化館展覽中獲一等獎。

這期間，河山鄉農民畫異軍突起（其相關介紹詳見《梨樹文化產品·農民畫》部分）。與此同時，漫畫作者崔建華的五十多件作品在全國各類報刊上發表；梨樹師範學校教師王世先的油畫、水粉畫被《中國現代美術家名人大辭典》收錄。

篆刻、剪紙、攝影、音樂等藝術亦有長足進步。

篆刻：金一、曹德奇、趙劍文、趙鴻石等人在各級各類報刊上發表眾多篆刻作品，並屢獲大獎。

剪紙：傳統民間剪紙藝術作者吳樹寶有一百餘幅作品在報刊發表；方振江在上個世紀九〇年代中期舉辦了個人剪紙作品展，展出作品八十七幅；至今堅持剪紙創作的還有白玉良等作者。

攝影：全縣現有省攝影家協會會員六名、市攝影家協會會員四名、縣攝影協會會員四十餘人。上個世紀九〇年代，門起福的新聞攝影以視角獨特、內容豐富，入選《中國攝影家大辭典》。攝影工作者馮海瑛 1991 年、1999 年先後兩次獲得攝影技術專利。近年來，范景佐、姜東、唐萬成、沈德福等作者創作活躍，並多次在省內

▲ 白玉良剪紙作品

▲ 范景佐攝影作品《萬馬奔騰》

大賽中獲獎。

音樂：從上個世紀八〇年代起，二人轉等地方戲作曲、演奏人才輩出，孫玉琛、吳慧春、孫大偉、高永權、商立中等是其中貢獻突出者。近年來，王媛、鄭亞文、付慶義、任燕、王麗麗、劉將軍、陳宇含等人多次代表梨樹縣參加國家級、省級匯演和賽事並獲獎。

民間工藝美術作品近年來嶄露頭角。十家堡鎮的魏明義擅長鋼筋水泥雕塑；東河鎮何影、萬發鎮薛冰木雕工藝風格獨具；萬發鎮的周曉峰擅長手工編織，產品實現了出口創匯；榆樹台鎮榮華笤帚農民專業合作社在榮鳳鳴的帶領下，使工藝笤帚發展為一種產業；王振成、劉起富、蓋國林、王煥民等人的根藝作品影響日益擴大；崔存生的仿真野生動物工藝品遠銷十幾個國家和地區；戴守太的手繪葫蘆畫得到專家和群眾的普遍認可。

二〇一一年七月，中國曲藝家協會為梨樹縣「中國二人轉之鄉」授牌。二人轉也因此成為梨樹縣一張亮麗的「文化名片」。

梨樹二人轉發展至今，有著二百多年的歷史，實為吉林省二人轉發展的源頭之一。

由齊氏一脈相傳的梨樹二人轉藝人譜系，俗稱「齊家蔓」。乾隆年間，以「齊家蔓」第二代傳人的演出最為活躍和正宗。嘉慶二十五年（1820 年）以

後，始有演員組班演唱，而且有了自己創作的劇目。此後，經過近半個多世紀的發展壯大，到 1850 年前後，梨樹二人轉在縣內已經形成了一定的演出規模，其影響已達周圍各縣。又經過近二十年的發展，到了 1870 年前後，梨樹二人轉不僅遍及縣內全境，而且流入到周邊縣市，在群眾中的影響也頗有燎原之勢。到了中華民國時期，梨樹縣的二人轉新人輩出，班伙濟濟。其中，最著名的戲班有八個，當時有「八大戲班鬧梨樹」之說。

1948 年，隨著梨樹全境解放，梨樹縣二人轉也獲得了新生。全縣九個行政區相繼成立了以演出二人轉為主的區辦小劇團。1950 年春，梨樹成立了「梨樹藝人劇團」。1956 年，劇團更名為梨樹縣地方戲隊。1964 年 5 月 5 日至 29 日，吉林省二人轉藝術界有史以來規模最大的一次盛會——吉林省第一次二人轉工作者學習會在梨樹縣召開。

「文革」期間，梨樹二人轉劇團取消，演職人員遣散。「文革」後期，二人轉專業演出和創作逐漸恢復。

改革開放使梨樹二人轉重煥生機。1978 年後，梨樹縣二人轉劇團和戲劇創作組相繼恢復。1979 年 5 月 5 日，吉林省二人轉工作者第二次學習會在梨樹召開。

縱觀改革開放三十多年來的梨樹二人轉，突出體現了以下三個特點：

一是專業演出人才濟濟，「轉星」璀璨。1989 年在吉林省「評轉星」大賽

▲ 董孝芳與陳淑新表演的二人轉《梁賽金擀麵》

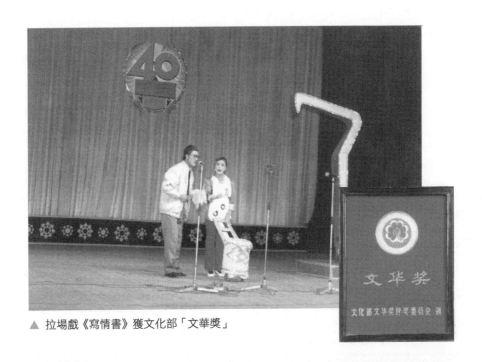

▲ 拉場戲《寫情書》獲文化部「文華獎」

▲ 二人轉《美人杯》劇照

上，董孝芳、董瑋、白晶、陳淑新被評為「吉林省轉星」；趙丹丹在二〇〇九年第四屆吉林省藝術節上被命名為全省「四大名旦」之一，二〇一〇年榮獲第六屆中國曲藝大賽「牡丹獎」。在省級以上賽事上獲獎的演員則不勝枚舉。

二是劇目創作成果豐碩，精品不斷。自上個世紀八〇年代初到現在，先後湧現出了楊維宇、趙月正、陶秋然、蘇景春、王亞軍等多位知名的二人轉劇作者，創作劇目多達一五〇多部。

三是巡迴演出影響廣泛，聲名遠播。近年來，梨樹縣劇團演出的腳步已深入到北京、天津等十餘個省、自治區和直轄市，每年演出都在百餘場次，所到之處好評不斷。

近年來，除專業劇團演出精品頻出外，民間二人轉劇團、民間戲校，也如雨後春筍般湧現。

## 附：1986-1999年梨樹縣二人轉及戲劇獲獎情況表

| 獲獎時間 | 表演形式 | 獲獎劇目 | 獲獎級別 | 獲獎演員 | 備　註 |
|---|---|---|---|---|---|
| 1986 | 二人轉 | 鬧發家 | 吉林省匯演綜合一等獎 | 白　晶　許青山 | — |
| 1986 | 二人轉 | 楊宗英認母 | 吉林省匯演綜合二等獎 | 劉興寶　邢國庫 | — |
| 1986 | 拉場戲 | 賣油郎與花魁 | 吉林省匯演綜合二等獎 | 杜　鵬　張冠英 | — |
| 1987 | 二人轉 | 美人杯 | 吉林省匯演綜合一等獎 | 白　晶　許青山 | — |
| 1987 | 大型舞台藝術片 | 梨花飄香 | 吉林省「丹頂鶴杯」二等獎 | 劇團全體演員 | — |
| 1988 | 二人轉 | 貂蟬怒怨 | 吉林省匯演二等獎 | 陳　波　陳淑新 | — |
| 1989 | 拉場戲 | 寫情書 | 吉林省匯演綜合一等獎 | 白　晶　張冠英 | — |
| 1992 | 拉場戲 | 寫情書 | 文化部「文華」獎 | 白　晶　張冠英 | — |
| 1993 | 二人轉 | 放金龜 | 吉林省匯演綜合一等獎 | 白　晶　許青山 | — |
| 1993 | 二人轉 | 放金龜 | 國家匯演二等獎 | 白　晶　許青山 | 樂隊獲優秀伴奏獎 |

| 1993 | 二人轉 | 相親 | 文化部、廣電部、安全部匯演獲三等獎 | 劉興寶　陳　波 | — |
|------|--------|------|-------------------------------------|----------------|---|
| 1994 | 二人轉 | 討債女 | 吉林省匯演二等獎 | 白　晶　崔文彥 | 王穎獲導演二等獎 |
| 1996 | 二人轉 | 鬧喜堂 | 吉林省匯演二等獎 | 鄭亞文　趙　波 | — |

梨樹縣文化事業不斷發展壯大，文化基礎設施建設日益加強。

梨樹縣文化廣電新聞出版局（簡稱文廣新局），是指導全縣文化事業的政府職能部門，其前身是文化體育局，2012年文化體制改革後更為現名。文廣新局機關設六個行政科室，共有行政編制十人，下轄十三個基層單位，全系統共有幹部職工四二八人。

縣文化館前身是1949年建立的民眾教育館。1949-1969年間，縣文化館舉辦戲曲表演、秧歌改革、文學創作等培訓班，培養了眾多骨幹藝人，活躍了鄉村文化生活。1980年以後，培養美術愛好者近千人，其中八十多人成為縣內美術骨幹，同時每兩年一期的二人轉學員培訓班培養了大批二人轉人才。縣

▲ 梨樹縣圖書館一角（李繼坤 攝）

文化館現有職工三十九人，群眾文化活動頻繁。2012 年 11 月末，吉林省群眾藝術館在梨樹縣文化館設立《群眾文化研究》駐梨樹記者站。

梨樹縣 1913 年始設圖書館。目前圖書館館藏各類書刊資料七萬餘冊，年接待讀者四萬人次。2007 年，文化信息資源共享工程梨樹縣支中心成立，圖書館建成了數字化數據網絡機房、電子閱覽室和多功能播放廳；2013 年 5 月，圖書館實現了管理自動化。

1986 年，縣文物管理所正式成立，編制五人，負責全縣文物保護工作。2005 年 1 月，縣裡在原有的縣文物管理所的基礎上，又成立了文物執法隊。縣內現有國家級重點文物保護單位七處、省級重點保護單位十二處、市級重點文物保護單位三十四處、縣級重點文物保護單位一九一處。

2005 年 8 月，梨樹縣博物館成立，具體負責梨樹縣內歷史文物的徵集、

▲ 2013 年「農民文化活動月走進小城子鎮中央堡村」活動現場（王躍超 攝）

保管、陳列、研究等工作；2009 年 1 月，梨樹縣博物館所在地、吉林省省級文物保護單位——東北民主聯軍四平保衛戰指揮部舊址，開始免費向社會開放。

2012 年，在文化體制改革中，縣文廣新局整合原有資源，成立文化綜合執法大隊。負責對文化娛樂場所中存在的色情、賭博和網吧存在的接納未成年人等違法活動進行監管，對圖書、音像製品的出版、製作、複製、批發、零售、出租等環節進行管理，對全縣文物進行保護以及對廣播電視的行政執法等工作。

基層文化事業發展迅速。全縣鄉鎮文化站二十個，實現了鄉鎮的全覆蓋，文化站辦公場所面積平均達到了三百平方米，普遍配備了台式電腦、數碼相

▲ 2014 年「文化惠民——走進小寬鎮西河村」活動現場（周寶文 攝）

▲ 四平市暨梨樹縣鄉土文學藝術創作談現場（陳偉 攝）

機、數碼錄像機、音響及桌椅、沙發等辦公設備。每個文化站配備專職工作人員 1-2 名。全縣 295 個村均有文化書屋，實現了全覆蓋。有農村文化大院 335 個，農村小劇團一個鄉鎮一至二個，秧歌隊 295 支。部分新農村示範村建立了文化廣場。有線電視實現了村村通，全縣有線電視用戶達到了 12.5 萬戶，有線電視傳輸頻道多達 68 個，加上收費頻道可達 100 餘個。農村有平安大喇叭 900 個，全縣 295 個行政村平均每個村 2-3 個。縣裡每年開展送電影下鄉 3540 場，送戲曲下鄉約 100 場，送圖書下鄉約十次。

2012 年 9 月 20 日，梨樹電台「北方交通之聲」廣播正式開播，結束了五十年來電台一直採用錄播式的播出方式，實現了向直播式的轉變，其平民化、娛樂化的播出風格，在更大程度上滿足了普通聽眾的需求。

一直以來，梨樹縣委、縣政府對文化和文學藝術事業的發展都非常重視，千方百計在規劃上、政策上、資金上、輿論上支持推動縣域文化的發展和繁榮。

▲ 書畫家與梨樹書友交流活動（周寶文 攝）

　　近年來，梨樹縣委、縣政府把圍繞特色文化資源、打造地域文化品牌等納入縣域經濟社會發展的總體戰略之中，並且每年都選擇一、兩項工作作為全縣

▲ 梨樹縣「鄉土詩人創作談」現場（陳偉 攝）

著力推動的重點項目，凸現了縣委、縣政府對文化工作的頂層設計和指導推動。2010 年 9 月，成功承辦了中國曲藝家協會在梨樹舉辦的「東北三省二人轉論壇」；2011 年 7 月，中國曲藝家協會在梨樹舉辦了「送文化下基層暨中國二人轉之鄉授牌儀式」；2012 年，在梨樹鎮向陽街、學府路開展了詩歌一條街「亮化」工作，嘗試將梨樹特色文化與城市建設有機融合；2013 年，組織了「中國詩人梨樹採風活動」，彰顯了梨樹繁榮詩歌創作的決心，大大提高了梨樹的知名度。

　　不斷加強文化機構和文化隊伍的改革和建設。2012 年，根據文化體制改革要求，將原來的文化體育局，更名為文化廣電新聞出版局，增設了廣播電視行政管理職能。2012 年在縣地方戲曲劇團轉企改制過程中，出台了一系列有利於其內部穩定和事業發展的政策，使改革順利完成。與此同時，切實加強對文化幹部隊伍的建設，配齊配強文化行政部門及其所屬基層單位的領導班子，

▲ 2014 年梨樹縣第四屆書法精品展現場（陳偉 攝）

▲ 2013 年迎新春春聯掛錢展（縣圖書館 提供）

▲ 老年書畫研究會在朝陽公園舉辦「地書」比賽（周寶文 攝）

▲ 2014年送書法春聯下鄉活動（周寶文 攝）

為文化和文學藝術事業發展奠定了堅實基礎。

　　不斷加大對文化事業的物力投入。先後改建、擴建、修復了縣體育場、「東北民主聯軍四平保衛戰指揮部」舊址、鄉鎮村等基層文化基礎設施，舉辦、承辦了多個大型文化活動和賽事。

　　廣泛開展各種群眾性文化活動。文化部門每年都舉辦文化下鄉活動。2013年、2014年，由縣委宣傳部牽頭，由文化、農業、科技、氣象等部門和單位參加的「文化下鄉走進小城子鎮中央堡村、小寬鎮西河村」活動，受到群眾歡迎。與此同時，由文化部門舉辦的「文體活動展示」「梨樹詩人採風活動」「梨樹新詩朗誦會」，由文化和廣電部門聯合開展的「農民歌手大賽」，由縣文聯組織的「送春聯、送書法下鄉」「鄉土作家創作談」「鄉土詩人創作談」，包括縣紀檢委、縣總工會、縣安監、消防、殘聯等部門和單位主辦的主題書法、繪畫、攝影、徵文展覽比賽等活動，都吸引了群眾的廣泛參與。

不斷豐富文化載體，積極搭建文化傳播平台。縣內現有連續性出版物四種（除《梨樹時報》外，均為免費贈閱的內部資料）：即由縣互聯網信息中心編輯出版的《梨樹時報》、由梨樹縣文聯主辦的《梨樹文學報》、由文化廣電新聞出版局編輯出版的《詩東北》、由縣老年書畫研究會主辦的《老年書畫報》。

「縱經塵世風雨漸，自有千秋筆墨新。」黨的十八描繪了文化發展的宏偉藍圖，為文化建設指明了方向，十八屆三中全會全面深化改革的決定為文化的大發展、大繁榮注入了新的動力。在全縣上下的共同努力下，梨樹文化的明天一定會更加美好。

▲ 農民畫《打稻子》李有生

第二章 ——

# 文化事件

儘管歲月更迭，時代變遷，在梨樹大地上發生的許多影響深遠、散發著濃郁文
化氣息的歷史事件，卻永遠成了令梨樹人為之驕傲的文化記憶。

# 宋徽宗遺詞古韓州

吉林省梨樹縣的偏臉城曾為古韓州治所。從梨樹縣城往東北行四公里，跨過一條名叫昭蘇太河的大橋，面前便呈現一道山崗。這道崗的半山坡上有一座已經是斷垣殘壁的古代城池，人們稱它偏臉城。

這座城，大約建於遼代，金朝繼續沿用。城內深溝的牆面上，尚留有紅燒土堆層，從中可見當年曾經戰火燒燬的痕跡。從元朝已開始廢棄，僅剩有四牆的殘跡。後來明、清兩朝不斷向塞北移民，這裡便有漢人居住，將城內開闢為耕地。這座城，雖說面積不大，而在金代卻是一州所在地。據《金史》記載，此城名韓州。最早的名稱九百奚營，歸臨津所轄。是宋、金兩國及金人南北往來的交通要道。鮮為人知的是，偏臉城這個小小地方，在歷史上曾經囚禁過北宋兩個皇帝——宋徽宗趙佶與其子宋欽宗趙桓。

據《金史‧太宗紀》記載：「天會五年（1127 年）十月條載金人俘宋徽、欽二帝自燕徙居中京。天會六年（1128 年）七月，以宋二庶人赴上京，入見乾元殿。封其父昏德公，子重昏侯。十月徙昏德公、重昏侯於韓州。天會八年（1130 年）七月，徙昏德公、重昏侯於鶻里改路。天會十三年（1135 年）四月，昏德公薨」。

金人完顏氏為吞併大宋朝江山，打進宋京汴梁，俘虜了徽、欽二帝。先將他們在燕京囚禁一段時間，再押赴上京（今黑龍江省阿城）。押赴者中，還有被俘的后妃及隨行人員一〇〇〇多人。在韓州經過時，在此地暫停留兩天。

徽、欽二帝做了囚虜後，被金人囚禁在一個枯井裡，終日坐井觀

▲ 偏臉城古城牆遺址（古韓州治所）

天，再也吃不著山珍海味的御宴，受的是非人待遇。每天飯時，送給其父子的是殘羹冷炙，不如金人雞狗吃的，在井下坐的是冰涼板凳。

天會六年十月，金人為防備有奸細將徽、欽二帝搶走，下了密令，偷偷將趙氏父子遷移至韓州囚禁。在韓州坐牢時沒有暖床熱炕，睡在草鋪的地下，徽宗與欽宗隔離監守，其后妃讓金人姦淫玩弄。也不准他們與同被擄來的隨從太監見面，全由金人看守。徽宗身邊只有一個木板箱子，是從京都帶來的，裡邊裝著衣服與文房四寶。徽宗在韓州一切皆無自由，萬分淒涼，每日以淚洗面。後來宋朝大將宗澤與岳飛特派遣幾名漢人充做商人潛來韓州，用重金買通金人獄卒，暗通信息。宗澤與岳飛答應徽、欽二帝，決心收復失地，打進北國，迎接二帝還朝。徽宗得知此信後，心中稍有點希望。可是等來等去，卻是「坐井空聞風掃北，囚牢不見雁歸南」。

這一年春天，一日趙佶在一名獄卒的看守下去外面如廁。趙佶見監牢院內有幾棵杏樹，嬌嫩粉紅的杏花開滿枝頭，萬分傷感。趙佶是位詞人兼書法家，尤工書法，他的瘦金體是空前絕後的墨寶。今日見杏花開放，無限感慨，便寄情於景，靈機忽然上來，他要撰寫一首新詞。回到房間，打開箱子，取出紙筆，當即寫下了絕筆詞《燕山亭·詠杏花》。詞曰：「裁減冰綃，輕疊數重，淡著胭脂勻注。新樣靚妝，豔溢香融，羞殺蕊珠宮女。易得凋零，更多少無情風雨。愁苦。問院落淒涼，幾番春暮。憑寄離恨重重，這雙燕，何曾會人言語。天遙地遠，萬水千山，知他故宮何處。怎不思量，除夢裡有時曾去。無據。和夢也新來不做。」

《燕山亭·詠杏花》上半闋，描寫北國常見的杏花，實際是憐花哀己。下半闋寫的是離恨哀情，千廻百轉地道出肝腸欲斷的痛苦與悲憤。南唐後主李煜也是個亡國之君，被俘至宋京汴梁，寫下了《虞美人》絕筆詞，後被宋太宗趙光義毒死。一五〇多年之後，趙光義的子孫趙佶又受金人的殘酷折磨而死在異國他鄉。

後世的詞學家們對《燕山亭》評價極高，認為可與南唐後主李煜的《虞美人》媲美：「自足以千古傳誦。」

# 文化古城赫爾蘇城湮沒湖底

在四平的正東四十五公里處有一座美麗的水庫，這就是遠近聞名的二龍湖。當你乘車沿著 303 國道朝遼源方向到石嶺鎮，向左拐個直角彎繼續行駛至山崗前時，前方汪洋如海的水域便映入你的眼簾，但見白浪滔天，四山環抱一汪大水，原來這裡就是風光秀美的二龍湖水庫。

二龍湖水庫每年以巨大的吞吐量，滋潤著東遼河兩岸數以千頃的良田。可是，有多少人能知道，這湖底曾有一個交通發達、商號眾多、人口密集的古城赫爾蘇呢？

赫爾蘇城，又名克爾素城或黑爾蘇城，因境內有赫爾蘇河而得名。赫爾蘇河，即今天的東遼河，古稱南蘇水，明代稱艾河，清代上游段（柳條新邊以南）稱赫爾蘇河，下游段（柳條新邊以北）稱東遼河。赫爾蘇是滿語，意為「海邊鹽池所生之草」。這是一座有一〇〇〇年以上歷史的古城。據《資治通鑑》記載：「乾封二年（667 年）高侃進至金山……」這裡的金山，即今雙遼市境內的大哈拉巴山；南蘇城，即赫爾蘇城，因水而得名。可見，赫爾蘇城不僅是比今梨樹境內葉赫部王城更早的古城，而且在戰略上有著至關重要的位置，是東遼河流域經濟、文化的一個中心。

明嘉靖年間，海西女真各部千里南下，幾經輾轉，先後定居於東遼河上游和松花江之間，形成哈達、烏拉、葉赫、輝發四部，又稱扈倫四部。赫爾蘇城為葉赫部城寨之一。萬曆四十一年（1613 年）努爾哈赤以葉赫部「拒婚、匿婿」責問北關，並率四萬騎討伐葉赫，將包括赫爾蘇城在內的大小共 19 座城寨焚燬。

康熙三年（1664 年），為保護東北「龍興重地」，清廷掘地為溝，堆土成壕，密植柳條，興建柳條邊新邊。伊通州境內設有三處邊門，赫爾蘇為三邊門之一。《吉林通志》載「邊門設於狹隘之山間，為監視貨物出入之所」。邊門曾置有門樓一座，門洞過木上方正中懸「赫爾蘇邊門」豎匾一塊，邊屬「吉林所屬」四字。赫爾蘇邊門當年是入盛京圍場和吉林圍場的必經之路，這裡道路

狹隘，邊門僅容大車一輛通過，而伊通州的其他二門皆可並排走兩輛大車。

　　康熙二十年（1681 年），為更好地統治東北，清廷開設了一條由京師（北京）經盛京（瀋陽）至吉林烏拉，全程一千一百多公里的驛道。因康熙、乾隆兩帝東巡時走此驛道，俗稱「御路」。其間設驛站二十七處，各站間距五十或八十華里，赫爾蘇驛站是清廷在伊通境內所設的五處驛站之一。光緒八年（1882 年），伊通建州治，隸屬吉林府，並於宣統元年（1909 年）設赫爾蘇分州，隸屬伊通州。

　　據有關資料記載，在此前後，赫爾蘇古城曾屢遭俄兵侵犯。光緒二十六年八月（1900 年），俄兵入境，聚集於伊通州城、赫爾蘇、小孤山、火石嶺等地，燒殺擄掠；光緒三十二年（1906 年）農曆三月，俄兵侵犯赫爾蘇，大肆搶劫民財，給當地造成巨大損失。

　　赫爾蘇城西臨東遼河，北依二龍山，山形水勢頗為優美，是伊通至開原的要沖。據《伊通縣志》介紹，昔日赫爾蘇城為東西街，長約三里，有商號三十餘家，有龍泉廟、吉祥寺、關帝廟三座廟宇，還有天主教堂等。每逢大

▲ 二龍湖閘門（陶瑞 提供）

集時，商賈雲集，人流熙熙攘攘，熱鬧非凡。現今住在小孤山、北崴子等地的八九十歲老人，仍能描述出當年赫爾蘇城的繁榮盛況。

　　一九四二年，日本侵略者為掠奪農業資源，開發水田，在孤家子平原生產稻米，修建了二龍湖水庫，千年古城──赫爾蘇城遂淹沒在水庫之中，成為一座水下古城。但每逢枯水季節，赫爾蘇廟台等古建築址仍然可見。

# 滿族重要發祥地葉赫部覆亡

　　人們來到梨樹縣葉赫滿族鎮，都要到二個古城遺址一遊，又都想知道古城的歷史。現根據《清史稿》等二十多種資料以及我們的多方考察，將葉赫部和葉赫古城的歷史作以記述。

　　葉赫是由海西女真南遷，至葉赫河岸建城定居，建立葉赫部而得名的。

　　明初，女真分為建州女真、海西女真、野人女真三部分。建州女真、海西女真居住在今黑龍江省呼蘭一帶，十五世紀後，這兩支女真直接受明朝管轄。

　　由於女真族內部生產的發展，階級的分化，各部之間的相互戰爭，以及交換物品的要求，居住在松花江地區的海西女真於一四三七至一四四〇年（正統初年）逐漸南下。海西女真南遷到今吉林松花江以西、遼寧遼河以東之地後，

▲ 葉赫古城遺址

分為哈達、輝發、烏拉、葉赫四部，亦稱扈倫四部。哈達在西，輝發在南，烏拉在北，葉赫在東。

葉赫先人姓土默特。南遷過程中先在吉林西南三里的山上建城。以後又滅掉扈倫國所屬居住在璋城的納喇部，占據納喇部領地為己有，以地為姓，改為納喇。因為國都在璋城姓納喇犯忌諱，所以遷至葉赫河岸建國，國號葉赫。

葉赫始祖星根達爾汗生下席爾克明噶圖，席爾克明噶圖生下齊爾噶尼。正德初年（1506 年）齊爾噶尼數次越過邊境，燒殺搶擄，被明軍捉獲，斬於開原市。正德八年（1513 年），齊爾噶尼之子褚孔格聯合加哈叛亂，抗擊明軍，受到明朝招撫，授褚孔格達喜木魯衛都督僉事之職，但是褚孔格不聽明朝指揮，數次劫殺外族貢敕，被哈達部貝勒所殺。

褚孔格子太杵有二子，長子清佳努、次子楊吉努。清佳努、楊吉努於一五七三年，在葉赫河西岸的山上，擇險要之處修築二城（即今兩古城遺址）。清佳努居西城，楊吉努居東城，皆稱貝勒。葉赫城西經威遠堡（哈達）通開原，東通寬城子（今長春），是吉林通往北京的交通要道。明朝稱為北關（北順關）。由築城到一六一九年毀城，其間四十六年。

自從褚孔格被殺，所有敕書和所屬十三寨被哈達奪走，葉赫勢力範圍縮小。楊吉努兄弟因國小力弱，唯恐明軍進攻，其時哈達正在強盛時期，楊吉努兄弟只得忍辱負屈投靠哈達貝勒王台，把妹妹媼姐許給王台為妻。

葉赫養精蓄銳，實力逐漸強大，失地逐漸收回。南境與哈達為鄰，北境與科爾沁、郭爾羅斯相連，東至烏蘇城（今伊通縣城），西到威遠堡邊門。

王台死後，楊吉努兄弟乘哈達內部分裂，於明萬曆十一年（1583 年）進攻哈達，打敗了哈達部孟格布祿（王台次子）。明朝唯恐葉赫消滅哈達，派巡撫副使任天祚帶布匹、綢緞以及鐵釜等物品為雙方講和，規勸葉赫休兵。楊吉努兄弟態度比較強硬，必須得到萬曆皇帝發的敕書，把孟格布祿所屬屯寨交給葉赫管轄，才能休兵。任天祚的調解沒有成功，灰溜溜地返回開原。

萬曆十二年（1584 年），明朝寧遠伯李成梁接受哈達國賄賂的金銀及黑狐

貂皮，又聽信了讒言，所以與巡撫李松密謀殺害楊吉努兄弟。明朝以賜給敕書、賞給麥子為名，誘殺了楊吉努、清佳努。明軍追到葉赫城，圍城數日，布寨（清佳努之子）和納林布祿（楊吉努之子）眼見明軍來勢凶猛，城內兵微將寡，出城乞降，願受明朝和哈達約束。李成梁認為已經達到懲罰葉赫的目的，領兵回到開原。

五年後，布寨和納林布祿，屯田墾荒，休養生息，相繼為貝勒。兄弟二人決心報世仇。先是攻擊哈達部，既而要求像從前（父親和伯父時）一樣取得明朝貢敕，不聽明朝指揮，因此巡撫顧養謙和總兵李成梁又決定討伐葉赫。

萬曆十六年（1588 年）李成梁率領明軍兵臨葉赫城下，布寨見明軍勢如潮水，只得放棄西城，集中兵力與納林布祿共同拒守東城。東城堅固，明軍用大砲轟擊，打倒甕城，摧毀城牆垛口，射穿八角樓，城內軍心渙散。最後，納林布祿與布寨出城乞降，情願接受明朝管轄，與南關哈達同分貢敕。李成梁下令停止攻城，領兵回開原。

萬曆十一年（1583 年），建州女真努爾哈赤以「十三副鎧甲」起兵，開始了統一建州女真的事業。此時，海西衛扈倫四部葉赫最強，寨外諸國推舉葉赫為盟主。二雄並存，勢不兩立，引出葉赫兩次征討努爾哈赤，努爾哈赤四戰葉赫。

努爾哈赤早年經過葉赫，楊吉努看見努爾哈赤儀表非凡，相貌出眾，遂將幼女孟古格格許配給努爾哈赤，並訂下婚約。萬曆十六年（1588 年）九月，納林布祿送妹孟古格格與努爾哈赤完婚。努爾哈赤率領諸貝勒、諸大臣親自迎接，設宴成婚。孟古格格，即清太宗皇太極的生母孝慈高皇后。

葉赫趁著強盛時期，多次向努爾哈赤提出領土要求，努爾哈赤大怒。萬曆二十一年（1593 年）六月，葉赫奪取努爾哈赤的戶布察寨；同年九月，扈倫四部又聯合蒙古科爾沁、席北、卦爾察三部和朱舍里、納殷二路，以所謂「九姓之師」討伐努爾哈赤。兩軍於渾河北岸展開廝殺，布寨戰死。「九姓之師」無心再戰，敗北而去。後葉赫等四部遣使乞盟，葉赫以婚媾修好，將布揚古妹

（高皇后侄女，年 14 歲）許給努爾哈赤為妻，將金台石的女兒許給努爾哈赤次子台吉代善。努爾哈赤遂納聘禮，雙方於萬曆二十五年（1597 年）正月鬥酒立誓。

但是這種修好也只是暫時。不久努爾哈赤派大將征蒙古，擄了木哈連寨戰馬四十匹，由葉赫經過。葉赫貝勒納林布祿見建州侵犯蒙古，唯恐建州擴張勢力於己不利，從此又與努爾哈赤背約，派兵搶下了建州由蒙古擄來的四十匹戰馬送還蒙古木哈連。為了達到聯合蒙古合力抵禦建州的目的，又將其弟金台石原許代善為妻之女許給蒙古喀爾喀貝勒齋賽，從此葉赫與建州又開始分裂。

葉赫採取了遠交近攻的策略，又乘哈達國內亂，向哈達進攻。哈達不支，又求救建州。努爾哈赤遂接受了哈達孟格布祿用三子為質的求援，派大將費英東、噶蓋二人領二〇〇〇兵協助哈達。葉赫貝勒納林布祿聞訊後，寫信給哈達貝勒說：「你若擒住滿洲來援二將，換回為質滿洲的三子，殲滅滿洲士兵，我把女兒許給你為妻。」哈達貝勒聽信葉赫的話，但是事情洩露，努爾哈赤親征哈達，擒獲哈達貝勒孟格布祿，收服哈達諸城，哈達遂滅，而葉赫也打消了侵占哈達的念頭。

萬曆三十一年（1603 年），葉赫那拉氏孟古格格（孝慈高皇后）病重，想念母親。努爾哈赤派使臣迎接岳母，納林布祿不准去，只派僕人楊大去探病。九月，孟古格格病逝，年二十九歲，努爾哈赤更加仇恨葉赫。萬曆三十二年（1604 年）正月初八親自統兵攻葉赫，攻克璋城和阿其蘭城，奪取七寨，俘二〇〇〇人而還。

萬曆四十一年（1613 年），烏拉國被滿洲吞併後，烏拉貝勒布占泰逃到葉赫，滿洲三次派人向葉赫金台石、布揚古索取布占泰，都遭到葉赫拒絕。努爾哈赤遂於同年九月初六領兵四萬再次親征葉赫，把璋城、吉當阿城、雅哈城（今伊通縣大孤山）、赫爾蘇城（今梨樹縣二龍湖底）、何敦城、克布齊賽城、鄂吉代城的城郭和房屋燒燬一空，擄烏蘇城三百戶和所有糧米而還。戰後，葉赫金台石和布揚古貝勒向明朝萬曆皇帝上書。明朝遂派遣游擊馬時楠、周大歧

領兵千人防守葉赫東西二城。

兩年後，萬曆四十三年（1615年）六月，葉赫貝勒布揚古把許給努爾哈赤為妻的妹妹，又許給巴哈達爾漢貝勒的長子莽古爾泰台吉，未到一年而死，時年三十四歲，即史書所載的「北關老女」，這加深了與滿洲之間的仇恨。萬曆四十三年（1615年）努爾哈赤稱帝建國，國號「後金」，年號「天命」。從此開始對明朝用兵。四月帶領八旗十萬兵出征明朝時，發表了告天文書。努爾哈赤的告天文書對明朝提出「七大恨」，其中有「五恨」涉及葉赫。可見葉赫與後金怨恨之深。努爾哈赤於薩爾滸（今遼寧新賓西渾河西）戰勝明兵，占領開原、鐵嶺等地。葉赫出兵阻撓努爾哈赤進軍。同年九月，金台石子德爾格勒領兵攻克後金一座城寨，俘虜四〇七人，斬首八十四人，受到明朝的賞賜。

後金天命四年（1619年）正月，努爾哈赤報復葉赫，派大貝勒代善帶五〇〇〇兵，駐紮在扎喀關，阻擋明軍。努爾哈赤親自領兵征討葉赫。路經克亦特城、黏罕寨，一邊劫掠，一邊前進，一路上焚燒房屋，連豆秅、柴草都燒光。這次攻破葉赫大小屯寨二十餘個。葉赫向明朝求援，明開原總兵馬林領兵到葉赫，葉赫兵全城出動與後金兵兩軍對峙數日，互不應戰，努爾哈赤領兵退去。同年二月和六月，葉赫又兩次出兵支援明軍，反擊後金軍。

一六一九年八月十九日的戰鬥，是努爾哈赤攻破葉赫城，滅亡葉赫的一次戰鬥。戰前，後金聲言出兵瀋陽，實際進攻葉赫的兵已經出發了。二十二日早晨，全軍開到葉赫城下。

努爾哈赤攻金台石的東城，而命諸貝勒馳向西城圍攻布揚古。東城的人半夜聽到後金兵到，吹起法螺，把家屬搬進內城。後金兵持盾並列前進，內城的頭兵在城站板上用弓箭射擊。後金的官兵在重甲上又披棉甲，在冑上戴厚棉帽，持盾的走在前面在城邊山下站立，選出披輕短甲善射的兵在後面射箭。後金兵持盾向山上進攻時，葉赫兵箭射如雨，投下大石，滾下圓木，並且向盾投火，戰鬥得很激烈。

東城首先從北面被攻破。金兵一擁而入，在城頭上經過一場搏鬥後，又轉

入巷戰，最後葉赫兵不戰而降。金台石貝勒登上高台欲點火自焚，燒傷後被後金兵絞殺。

西城知道東城被攻破，布揚古、布爾杭古兄弟喪失鬥志，派使者請降。見到努爾哈赤後，布揚古卻一言不答，且站著不叩頭。努爾哈赤用金盃贈給燒酒，布揚古不喝燒酒，還是站著不磕頭。在當天晚上，布揚古被絞殺。努爾哈赤下令對布爾杭古貝勒加以恩養，不念從前罪惡，對諸貝勒、諸大臣都收養，不論葉赫部中的善人、惡人都一家不動。父子兄弟不分，親友不離，不動女人穿的衣褲，不奪男人帶的弓箭，各家的財物器具由各家保存，連人帶物全部帶走了，然後毀城拆屋。葉赫部宣告滅亡。

# 清設葉赫驛站傳遞文書

　　清初，在東北設有兩條主要驛路。其中有一條經今梨樹縣之葉赫、石嶺。葉赫驛站是康熙東巡時的八大驛站之一。驛道和驛站的設置具有北拒沙俄的軍事意義，加強了中央與北部邊陲的連繫。

　　梨樹境內驛道起自葉赫鎮南端，越石嶺鎮，與伊通縣相接連。據文獻記載，這條長達百里的驛道只有葉赫一個驛站。後經實際調查，發現因每站間距甚遠，驛馬中途往往倒斃，遂添設楊木林、英額堡、石嶺驛站。葉赫驛站遺址位於原葉赫鄉西南一五〇米的寇河南岸，西南行十二點五公里為楊木林驛站，舊址在今楊木林村；從葉赫東北行十二點五公里為英額堡驛站，舊址在關帝廟址附近；再東行十二點五公里為石嶺驛站，舊址在今石嶺鎮一商店附近。

▼ 在葉赫影視城中修復的葉赫驛站（柴運鴻 攝）

據文獻記載，葉赫至石嶺的這條驛道，就是由茂興站南入吉林之伯都訥站，通過吉林、奉天之驛路，入山海關驛道的一段。葉赫至石嶺這條驛道，俗稱「御路」，是專供兵司奉公馳驛之用，不准普通行人和商販往來。據當地耆老介紹，當年凡遇有緊急公文傳遞，跑報之人在驛站換馬後繼續趕路，同一道公文由同一人傳送，期間換馬不換人，驛站中飼有專門供替換的馬匹。

清初對驛站的管理已有詳細的規章制度。各站內設關防公所一處，關防筆帖式一員，關防領催一名，大站設壯丁二十五名至五十名，小站設壯丁十名至十五名，令其飼養牛馬，耕種土地以自食。職責是傳遞文書。

葉赫驛站由驛所、營房、馬廄三部分組成。驛所的舊址在通往楊木林公路的北側，在今葉赫中心校院內。西行六十米為營房舊址，原為前後各七間的青磚瓦房，外築圍牆，住兵丁三十名。馬廄舊址與營房隔道相望，現存青磚魚鱗瓦房三間，東西長十米，南北寬六米，室內原供狐黃二仙，中間一間原為方形門洞，現已砌死，此建築保存尚好，當地人稱之為「旗官房子」。南面約十米處，原有青磚瓦房五間，亦屬馬廄。馬廄周圍亦築圍牆，內貯旗官草堆數個，飼養馬匹二百餘。如今除馬廄三間，其他遺跡已無從尋覓。楊木林、英額堡、石嶺子三處驛站就更無蹤跡可尋了。

# 康熙葉赫留詩篇

　　清朝皇帝曾多次出巡東北的「龍興之地」，清朝皇帝的東巡自康熙始。

　　所謂的清帝「東巡」，指的是清朝統治者出關告祭祖先、拜謁陵寢、寄託孝思。清朝皇族，十分重視對先祖的祭祀。東北的盛京、吉林、黑龍江等地，是清朝的發祥之地，也是祖宗陵寢所在。撫順新賓的永陵葬著肇、興、景、顯四祖；盛京的福陵、昭陵葬著太祖努爾哈赤和太宗皇太極。因此，清帝的「東巡」，首先是「以展孝思」的隆重儀式。與此同時，清帝還會借此考察沿途民情吏治、了瞭地方邊備敵情、安撫少數民族、慰問勳舊遺族，同時賞賜、懲罰、免賦或是告赦天下等。因此，清帝東巡也是一項政治活動。

　　有史料記載的清朝皇帝東巡活動共有十次：康熙三次，乾隆四次，嘉慶二次，道光一次。其中，多次經過吉林伊通州轄地的梨樹石嶺子、葉赫。

　　當時葉赫為盛京西流水圍場一部，由吉林驍騎校和開原防禦駐防。京師至吉林驛路從葉赫城通過，軍方在葉赫城設了驛站。葉赫站西接蒙古和羅站（在蓮花街），東北接阿勒額墨站（在伊通大孤山）。康熙東巡時，曾經兩次路過葉赫城，並且遊覽了古城，分別是康熙十年（1671 年）與康熙二十一年（1682 年）。

　　康熙十年（1671 年）正月，康熙第一次東巡，遊覽葉赫城。此時玄燁剛滿十八歲，血氣方剛，一心想要實現乃父東巡祭祖遺志。他降旨禮部：「今思太祖太宗創業垂統，功德隆盛，山陵在望，刻不能忘。」九月初二，「上以寰宇一統，躬詣太祖太宗山陵展祭行告成禮。」《清實錄》載：「九月壬申（24

▲ 康熙皇帝東巡圖

日），上以告成禮畢。欲周覽盛京畿內形勝，是日啟行，駐蹕懿路……甲戌駐蹕開原縣，乙亥駐蹕葉赫正北堡」。康熙東巡歸來，路過葉赫城時，遊覽了東西城。

康熙二十一年（1682 年）二月，康熙皇帝在時隔十年之後，第二次東巡，再次遊覽葉赫城。此時新年剛過，北方尚在冰天雪地之中，玄燁就急忙啟程東巡。內廷供奉翰林院侍講高士奇扈從，他在《扈從東巡日錄》中對葉赫故城遺址有記載，他在文中寫道：「庚寅雨中過夜黑河」，「夜黑城在北山之隈，磚甃城根，亦有子城，尚餘台殿故址。又一石城，在南山之陽，水草豐美，微有阡陌。」這裡說的「夜黑城」即葉赫城（西城）。據《清實錄》載：「庚寅，駐蹕葉赫和屯西塔克通阿地方。」葉赫乃大清國母孝慈高皇后之故里，康熙特命在此安營紮寨二日，並巡遊葉赫故地，此時大約是五月份，康熙有一次圍獵活動。據《梨樹縣志》記載，「康熙駐蹕葉赫，行圍射死一隻虎。」康熙在此次遊歷葉赫時，還即興賦《經葉赫廢城》詩一首：「斷壘生新草，空城尚野花。翠華今日幸，谷口動鳴笳。」在康熙的這首詩裡，既有對當時景物的即時描寫，也有對歷史的幽思懷想，然而更多的則是作為征服者的志滿意得。

# 梨樹縣因梨得名

《奉化縣志》（光緒十年版）載：「以其時此地多植梨樹，因名之。」《梨樹縣志》（1934 年版）載：「此地原屬高句驪，蘇姓得名，故地有赫爾蘇、招（昭）蘇河、蘇龍起等號。城在昭蘇河裡，故名裡蘇；偏臉城在河之表，故又曰昭蘇。所言梨樹者，蓋由裡蘇轉音耳。」一九六〇年編修的《梨樹縣志（初稿）》載：「梨樹城原為今縣城北八里之偏臉城。因城北半里許有一棵粗大梨樹而得名。道光元年（1821 年）昌圖廳設分防照磨時，擬建官署於此，故稱梨樹城照磨。因城在山頂，與昌圖廳往來中隔昭蘇太河，需涉水跋山，甚為不便，便在昭蘇太河以南另建新城。城移地而未易名，便稱新城（今梨樹鎮）為梨樹城。」

▲ 梨樹城老照片（魏曉光 提供）

《奉化縣志》（光緒十年版）物產命名說有一定史實根據。因舊梨樹城（偏臉城），從明至清代不僅城北半里許有一株粗壯的大梨樹，城內也多植梨樹。但《奉化縣志》未確指「此地」為舊城，致使後人誤為新城。故《梨樹縣志》（1934 年版）有「梨非本地特產，少有植者，亦非佳品。以地多植梨樹命名，此臆說也」的斷語，認為梨樹由「裡蘇」轉音而來。

▲ 碩果累累

《梨樹縣志》（1934 年版）所記「此地原屬高句驪」，「以蘇姓得名，故地有赫爾蘇、昭蘇河、蘇龍起等號」與史實不符。赫爾蘇原為清代東遼河上游（柳條新邊以南）的河名，滿語為海邊鹽池所生之

草，並非高句驪時代的河名。昭蘇河，元代稱昭蘇台河。「昭蘇」蒙語為「錢」，意為錢河，非高句驪時代的河名。蘇龍起是蒙語蘇木之轉音，為屯落之意。此地「原屬高句驪」，「以蘇姓得名」，「由裡蘇轉音」等推斷，實有臆說之嫌。城移地而未易名說較為確切。

偏臉城為金代韓州古城遺址。元滅金後，州雖廢，但州城仍為開原北上的重要驛站——韓州站。清代前期至中期，為盛京通往黑龍江的重要驛站。後因站廢名失，當地人便因城內外有梨樹，稱為梨樹城。古城地處交通要路，為金代上京（今黑龍江省阿城縣）至燕京（今北京市）必經之路。金天德二年（1150年），因「州非沖途」，將韓州治所從當時的柳河縣（今遼寧省昌圖縣八面城）移至交通條件便利的九百奚營（今偏臉城）。道光元年（1821年），昌圖廳於此設分防照磨時，駐地仍選址交通要塞上的舊梨樹城（今偏臉城）。動工建署時，發覺其與昌圖廳中隔昭蘇太河，交通不便，遂移至河南四公里處（今梨樹鎮）建署，仍稱梨樹城分防照磨署，駐地稱為梨樹城。舊梨樹城則依其地勢西北高東南低，形似偏臉，稱為偏臉城。

《奉化縣志》（光緒十年版）記載：「照磨署初在梨樹城，後移至縣治街。」證明梨樹城與縣治街本非一地，是由梨樹城移至縣治街（今梨樹鎮奉化大街）。日偽時期日本人編寫的《四平街案內》記載：「偏臉城為古之梨樹城。」當地高齡老人證實：偏臉城即古之梨樹城，因古城北有一粗大梨樹而得名。

由上可以認定，「物產命名說」和「城移地而未易名說」與歷史相符，梨樹縣名源於當時物產「梨樹」合情合理。

# 梨樹古城牆消失

在梨樹這塊土地上，五○○○年前就有人類生息繁衍。清嘉慶七年（1802年）准許南方流民出邊墾荒，才有大批人來此定居。

道光元年（1821年），清政府設梨樹分防照磨，隸屬昌圖廳，首任照磨高涵，奉旨向蒙王納租稅。最初衙署設在梨樹古城（即昭蘇城，也叫偏臉城）內。梨樹城分防照磨衙署在偏臉古城的城垣中並沒有駐多久，便移至城南（今梨樹鎮買賣街）。最初的梨樹買賣街沒有城牆，四周都是開闊地，無險可依。

清道光三年（1823年），梨樹城分防照磨衙署為防「匪患」，便在聚落四周挑壕蓄水，壘土為牆，作為防禦工事，還在壕上建橋以便出入。街口處連接民房立了東、西、南、北四個門，在門旁設了砲臺。城牆高四點五米，牆上築垛口，高一米，城內設馬道，狀似土圍子。清同治四年（1865年），馬國良（號稱「馬傻子」）起義軍二○○○人攻破土牆，四門倒塌，起義軍衝進城內，殺官逐吏，開獄分倉。

清光緒三年（1877年）十二月初，由於買賣街開發面積不斷擴大，盛京將軍奏請清廷，添設新縣。光緒四年（1878年），清政府在梨樹始建縣治，定名為奉化縣，歸昌圖府管轄。縣城設於梨樹城，首任知縣錢開震。奉化縣，當時地處邊北扼要之地，是「盜寇出沒」「頑民盜風不息」之地。統治者為了教

▲ 梨樹城西街關嶽廟舊照（魏曉光 提供）

化當地「頑民」，故大肆宣傳要「遵奉王化」，
因此起名為奉化縣。初設縣時，奉化早年修築
的土圍子已夷為平地。光緒五年（1879年），
知縣錢開震開始修知縣公署、典史署，建文廟、
文昌宮和學署，但尚未修城牆。

▲ 梨樹城南大門（魏曉光 提供）

　　清光緒二十六年（1900年），知縣王順存
為防義和團和散兵土匪，組織大規模修築城牆，由紳士賀殿寬、弓惠遠督工，
分段修築。王順存升任後，知縣鮮俊英接修，城牆建成後設東西南北四門，東
大門叫啟文門，西大門為振武門，南大門為拱化門，北大門為致和門。門牆為
青磚砌成，牆高五點五米，寬七米。城牆土築，牆基寬五米，牆高五米，收口
三米（馬道二米、牆垛一米），城牆周長九千米。城外壕溝（護城河）上寬五
米，底寬三米，深五米。梨樹古城先後歷經二十三任知縣、十任縣知事和六任
偽縣長的歲月更迭，直到上個世紀五〇年代，城牆才徹底消失。

# 梨城書院創立

　　梨城書院是梨樹縣城第一所官辦學校。光緒十六年（1890 年）由知縣張瑞三等倡導，地方紳士捐資創建，院址位於梨樹城內文廟東院（今梨樹二中東部）。正面三間青磚瓦房，坐北朝南。二門外東西各有三間青磚平房，二門內正北有高大明倫堂三間。門上對聯：「正其誼不謀其利，明其道不計其功。」東西廂房各五間。明倫堂後身有東西排列的向陽書院四所，書院四周青磚瓦牆，正門外有照壁一座。院內林木蒼鬱，規模頗為壯觀。

　　梨城書院聘名儒劉滋貴為山長，主持講學。學童先讀《四書》《五經》，進而學詩習文，接受「舉業」培訓。每月縣考一次，年終向督學匯報。

　　梨城書院成立十五年間，培養出參加鄉試中舉者八人，其中就有官至綏蘭、龍江道尹，黑龍江省交涉署長等要職的常蔭廷（其弟是官至京奉鐵路局長、黑龍江省長等職的常蔭槐）；培養貢生十四人；附生四十三人。

　　光緒三十一年（1905 年），廢科舉制，書院改為初、高兩等小學堂。中華民國十二年（1923 年），縣政府於梨城書院原址設立第一初中，為男中，校長李子玉，開五個班，學生在二百人左右。1930 年在舊學署位置增設一所女中，為第二初中，校長王守忠，開兩個班，學生四十至五十人。設第一初中同時，也開設了師範講習科兩班，八十一名學生。女子師範講習科是 1920 年建立的，在舊學署院內，一個班二十三名學生。1924 年冬開設女子工科職業學校，一個班二十名學生，有縫

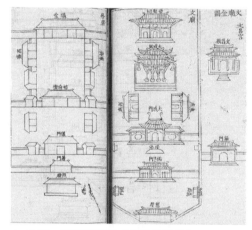

▲ 文廟・學署平面圖（魏曉光 提供）

▲ 1935 年時學校師生在做操（魏曉光 提供）

▲ 1942 年（四年乙級）畢業生照片
（魏曉光 提供）

紉、編物、鞋科等。中學學制為三年。

1935 年，女中遷往四平街。1938 年，男中改為梨樹國民高等學校，簡稱國高。校長前期為張雲贊，後期為王大則，副校長為日本人西國義，教職員三十人。學制改為四年制，招收國民優級學校畢業生。本年有八個教學班，學生三八八人，課程設置除國文、數學基礎課外，還設有日語，每週六至七節，國民道德課每週三節，並設農業、土壤、育種三門專業課。1940 年，又增設軍訓課，每週二節。勞動和勞役（勤勞奉仕）每年達三個月

▲ 現在的梨樹二中教學樓

之多。

　　1945 年 10 月，民主政府建立梨樹中學。當時六個班，在校學生三百名，原教師大部分留用，校長邵夢周。數理化沿用舊教材，文史教材自行選用或臨時編寫。

　　1946 年 5 月，國民黨占據梨樹後，設男中、女中各一所，男中校長王士俊，女中校長邵夢周。同年秋，高中獨立，開四個班，學生一六○人，教職工二十人，白廣田任校長。同時男中、女中合併，校址仍在現梨樹二中位置。學制為初中、高中三年。

　　1948 年 9 月，梨樹中學恢復，當時有六個初中班，並附設師範班，教職員十三人，學生二○四人。1949 年，有教師二十八人，學生六六一人，十四個班，並設有農民幹部訓練班甲乙兩班。1951 年設榆樹台分校，八個班。1952 年設高中部二個班，八十八名學生。1959 年 10 月，高中部從梨樹中學分出，成立第一高中。

　　梨樹中學，即現在梨樹二中的前身。現在的梨樹二中，是兼有初中、高中兩個階段教育的完全中學。

# 常氏建私立中學

常氏私立中學於一九二六年，由中華民國交通部次長、東北保安委員會委員、黑龍江省省長兼東北交通委員會委員長常蔭槐與其兄常蔭廷在其家鄉梨樹縣劉家館子建成，故名常氏私立中學。

該校設小學部、中學部。小學部分初小、高小，中學部設初中、高中，共分四個階段。每一階段畢業後發給畢業證書。最盛時期小學部五個班，中學部初中三個班，高中二個班，在校學生達二六〇多人。

課程設置有國文、算術、地理、歷史、物理、化學、自然、經學、英語、修身、體操、音樂等科目。

任課教員多是從北京、天津、上海等地用高薪聘請來的。

歷任校長有陳星一、王化樓（昌圖縣人）、張克慎、劉萬選、劉銘卿等人。

學校經費來源主要是常家利用職權，從東北鐵路各線採取售票加價的辦法進行籌集，將款存在四平義安錢號，以供學校支付。

常氏私立中學因一九三一年「九・一八」事變停辦一年。後由偽滿縣政權接管，繼續開辦一年多後被迫停辦。該校雖然只有七年的歷史，但由於教員水平較高，治校有方，上海、哈爾濱、天津等外地學生亦聞名來校就讀。

常氏私立中學於遠離縣城五十餘公里的僻遠農村興辦，在短短幾年之中，培養了一批具有中等文化的人才，對振興梨樹的教育事業，開啟人們的智慧，起到了一定的推動作用。

▲ 常氏私立中學創始人之一
——常蔭廷（魏曉光 提供）

# 梨樹地方志存錄

梨樹於清光緒四年（1878 年）建縣，向無方志。光緒十一年（1885 年）知縣錢開震創修第一部縣志——《奉化縣志》。此後，歷代均有修志，頗有價值的老地方志主要有 4 部：

## 《奉化縣志》

光緒六年（1880 年），知縣錢開震自己捐費並主修《奉化縣志》，光緒十一年（1885 年）成書於興京，即今遼寧省新賓縣。錢開震知奉化縣後，欲修縣志，光緒七年（1881 年）設局修志，聘陳文焯總其事，奉化縣訓導咸豐辛亥恩科舉人趙萬泰等人參閱、協理、總校、襄校，參加採訪、編寫人員三十人。次年春，錢開震卸任，志稿未成。光緒九年冬，錢開震復任知縣，重將志稿整理成書，遂付梓，前後歷經四年。

光緒十一年（1885 年）刊刻的《奉化縣志》，為大十六開豎寫木刻本。全書共分四冊，十四卷，末一卷，共計約十萬字。

第一冊，序文、職名、總目、凡例、輿圖，卷之一天時，卷之二地理（上）；第二冊，卷之三地理（下），卷之四建置，卷之五祀典，卷之六勳職；第三冊，卷之七人物（上），

▲《奉化縣志》（魏曉光 提供）

卷之八人物（下），卷之九選舉，卷之十兵賦；第四冊，卷之十一物產，卷之十二藝文，卷之十三雜錄，卷之末補遺、志餘、後序。

該志記事簡略，重人文，輕經濟。全志無照無表，無經濟方面統計數字。語體為文言文，詞語艱深，難於理解。

## 《奉化縣鄉土志》

《奉化縣鄉土志》是光緒三十四年（1908年）知縣陳嘉言主編的一本地方志，油印本，一卷，全書共十六頁（不包括封皮），約七〇〇〇字。

篇目分：歷史（建置沿革）、政績錄、兵芋錄、考舊錄（缺）、人類、戶口、氏族、宗教、實業、地理、山、水、道路、物產、商務。本志記述歷史雖

▲《梨樹縣志》封面（王欣 翻拍）

有謬誤，但政績、兵事、地理、山、水、道路較詳，物產、商務較略，對工業、手工業、商業無記載。

## 《梨樹縣志》

一九二九年秋，由縣長包文俊倡修。為修此志，專設梨樹縣志館，任王清海為館長，岳維川、趙芳亭為副館長。時逢「九・一八」事變，包文俊卸職，

修志中輟。東北淪陷後，曲廉本任偽梨樹縣長，繼續編修《梨樹縣志》，任鄧炳武為督修，孟慶璋任志館館長，王孟超為副館長，先後參加編修人員共計九十一人。其中督修、監修、編輯、調查、校閱、繪圖四十七人，名譽調查四十四人，終於一九三四年修成出版。

《梨樹縣志》共八冊，七編，三十一卷，約三十五萬字。序文四篇，景物照片十幀，人物照片八幀。

《梨樹縣志》門類齊全，體例完備，史料較詳實，文字簡潔，其宗旨與《奉化縣志》相同。

▲《梨樹縣鄉土志》封面

▲《梨樹縣事情》封面（魏曉光 提供）

## 《梨樹縣鄉土志》

中華民國三年（1914年），縣知事王士仁任內編印。全書僅一卷，石印本（另有《梨樹縣志》油印本，與此同），共四十五頁，約八五〇〇字。編目分歷史、政績、兵事、實業、人類、民族、宗教、地理、道路、田賦、物產、商務，記述內容，與《奉化縣鄉土志》大致相同。

除上述四部志書外，新中國成立前有價值的志書還有一九三九年九月出版的《梨樹縣事情》。

上述志書，梨樹縣檔案局均有存檔。

# 「中國二人轉之鄉」花落梨樹

　　二〇一〇年十月十一日，中國曲藝家協會授予梨樹縣「中國二人轉之鄉」稱號。這是梨樹縣二人轉獲得的最高榮譽。

## 二人轉的流入與在梨樹的發展

　　二人轉一詞，始見於一九三四年遼寧省《泰東日報》。新中國成立後東北三省及內蒙古、河北統稱二人轉。在此之前，各地叫法不一，有雙玩藝兒、雙條、邊曲、棒棒戲、碰碰戲等十幾種，多數地區叫蹦蹦。

　　蹦蹦一名，始見光緒十一年（1885年）編修的《奉化縣志》，這也是東北二人轉首次的文字記載。二人轉在梨樹的初期演出活動，可追溯到清乾隆年間，即西元一七八〇年以前，其雛形時期當可更早。對這一年代的認定主要依據是梨樹縣二人轉藝人師承譜系。

　　梨樹縣二人轉的第一代藝人為齊××（名字及生卒年無從可考）；第二代傳人，即齊某的徒弟劉某，約生於一七七〇年；第三代傳人，劉某的女兒「雙菊花」從小就跟父親學唱蹦蹦；第四代傳人，為「雙菊花」的徒弟周興（藝名周短子，約生於1830-1840年）；第五代傳人為周興的徒弟耿君（藝名耿釦子，1881年生於梨樹縣大房身）和馮球子（約1880年生於梨樹縣團結鄉），二人為一師之徒；第六代傳人為劉啟紅（藝名豁牙子），一八九一年生於今梨樹縣榆樹台，先後拜師耿君和馮球

▲ 由廖春江、蘇景春編寫的《梨樹二人轉》

子;第七代傳人為韓榮(藝名韓莊子,1916年生)。

據統計,梨樹縣有師承關係的二人轉演員約一〇一人。

## 清代的梨樹二人轉

從清乾隆算起,梨樹的二人轉跨越了嘉慶、道光、咸豐、同治、光緒、宣統七代。乾隆為初期,有「雙菊花」的父親演出,嘉慶二十五年之後,有演員組班演唱,而且有了自己創作的節目。「雙菊花」創作的《小兩口串門》是已知的梨樹二人轉最早的原創作品。

經過近半個世紀的發展,到一八五〇年,梨樹的二人轉在縣內已形成了相當的演出規模。其發展已影響了周圍各縣。

到清朝末期,周短子的高徒耿君、馮球子以及秧歌名手郭雲甲(藝名郭甲子)等又將梨樹二人轉推向一個新階段。耿君,十四歲拜名丑周短子為師,會唱一五〇餘齣戲文,嗓音洪亮,表演活潑,「口」「相」出眾,說口有哏兒,還把戲曲裡的「刀槍把子」、馬戲團裡的「雜耍」、大秧歌裡的「彩棒」等,根據劇情揉進戲裡,活躍了演出氣氛,博得觀眾的喝采。

自清朝嘉慶年間二人轉流入梨樹起,到一九一一年辛亥革命止,梨樹縣二人轉藝人能演唱的段子有二一二個,另有傳統口八十多段,民歌、小帽及秧歌帽一五〇多個。這些劇目大致可分為「英烈段」、「婚姻愛情倫理段」、「神話傳說語言故事段」和「庸俗情趣兒段」四大類。

二人轉大戲以「四梁」「八柱」為主。四梁即是《西廂》《藍橋》《盤道》《潯陽樓》。八柱是《馬寡婦開店》《回杯記》《大清律》《鐵冠圖》《游武廟》《綱鑑》《包公賠情》《梁賽金擀麵》。

## 中華民國時期的梨樹二人轉

到了中華民國時期，新人輩出，班伙濟濟，從藝人員超過百人。他們各自組班，遠近聞名，唱遍了整個梨樹及四平、雙遼、懷德和遼寧北部諸縣，曾有「八大戲班鬧梨樹」之說。

岳永豐班。班主岳永豐（1872 年-1976 年，尊稱岳八爺），本人不會演唱二人轉，全憑興趣於一九○二年以大秧歌形式組建季節性戲班。演出的「戲單」以「四梁八柱」為主共一○八齣，經常活動在梨樹東部及懷德西部和遼寧的西豐、昌圖等縣。

傅生班。前任班主是他的師傅耿君，這個班的藝術聲譽一直保持在「八大戲班」之首。梨樹的「硬手」始終是雲集於此班。主要藝人有耿君、李財、韓財、韓榮、傅生等。

畢永蓮班，號稱畢家班。「打人兒」的戲除《西廂》《藍橋》之外，拉場戲《狠毒記》可算畢家班的一個拿手戲。

柴振海班。久占梨樹，「外轄」雙遼半個縣。曾號稱「南柴北傅中間李」，三足鼎立。

金鳳山班。班主金鳳山（一名金海勝），是畢家班的一個分枝。部分藝人原係畢家班台柱。演出劇目以「四梁」、「八柱」為主，曾名噪一時。

洪國棟班。洪國棟藝名洪寶子。他的徒弟于興亞、王玉蘭（女），後來名揚四平、瀋陽。

李生班。李生自幼酷愛二人轉，是個出名的領秧歌能手，後辦起戲班，廣收能人。主要藝人有趙青山等人。他經常帶領戲班「遠征」到外地演出。

孫家班。活動在四棵樹、團結、榆樹台一帶。此班純為季節班，即舊曆年前倆月、年後倆月演出。

梨樹縣二人轉在歷經清末、中華民國、日偽統治時期，直到中華人民共和國成立前，先後湧現出被人們公認的十位名人：雙菊花、周興、耿君、李財、傅生、柴振海、岳興華、畢永貴、趙青山、蕭永。

## 新中國成立後的梨樹二人轉

一九四八年，梨樹成立了職業劇團。團長由于興亞擔任，副團長由段雲有擔任，主要演員有張勤、黃玉國（又名黃落子）、蔣志田、于興亞、傅生、李彥林、趙青山、劉玉芹（女）、王玉蘭（女）等人。由著名藝人李財開辦二人轉小科班，招收的學員有董孝芳、郭玉芹、高春豔等十多人，部分學員滿徒之後充實到縣劇團。

一九五二年九月，傅生、吳少先、郭鳳（嗩吶）三人代表四平地區參加遼西省（當時梨樹縣屬遼西省管轄）首次二人轉會演，參賽劇目《白蛇傳》《密建遊宮》。一九五五年劇團轉為民營，更名梨樹縣地方戲隊。一九五八年梨樹縣政府組織首屆全縣二人轉會演，歷時五天，有十一個二人轉隊，一五〇多人參加。會演結束後，從業餘演出隊中選拔出尖子演員九人充實進縣地方戲隊，並將地方戲隊的體制轉為全民所有制，隸屬於梨樹縣人民藝術劇院，排演了本縣自主創作的第一個二人轉《送年畫》（楊維宇編劇，孫玉琛編曲，董孝芳、高春豔演出）。在這齣戲裡，兩位演員熟練地運用了手玉子、扇子功、大板等多種絕活，在表演上又將梨樹縣二人轉推向一個新的高度。

一九六二年八月，梨樹縣地方戲隊向東北局第一書記宋任窮、吉林省委書記富振聲等領導同志匯報演出了《紅月娥做夢》《秦香蓮》等劇目。宋任窮看過演出後說：「聽說你們不錯，看了以後確實名不虛傳。」

一九六四年五月五日至二十九日，吉林省第一次二人轉工作者學習會在梨樹縣召開，共有二十七個專業二人轉團隊，近六百人參加。這是吉林省二人轉藝術界有史以來規模空前的盛會。會議歷經二十五天，分三個階段進行。梨樹縣地方戲隊郭玉芹、李海龍演出的二人轉《李二嫂摔桃》（楊維宇編劇，孫玉琛編曲）等八個劇目被定為推廣劇目。同年五月十五日，《吉林日報》發表了本報記者文章《一支活躍在農村的文藝尖兵——記梨樹縣地方戲隊》。

正當梨樹縣二人轉藝術向新的里程起步之際，「文革」開始，二人轉劇團解散。

## 改革開放後的梨樹二人轉

十一屆三中全會以後，梨樹縣二人轉劇團重新組建，被下放到農村和工廠的二人轉演員董孝芳、郭玉芹、高春燕、李海龍等人陸續回團。一九七九年十月組建起九人的戲劇創作組，主要任務是二人轉創作。

一九七九年五月五日，吉林省二人轉工作者第二次學習會在梨樹召開，會議開幕時間正是十五年前第一次學習會的開幕時間，五月二十八日閉幕。三十個二人轉團隊八六〇多人參加了本次學習會。會議日程仍分三個階段進行。梨樹縣二人轉劇團演出的二人轉《兩路分兵》列為學習會八個推廣劇目之一。

▲ 二人轉《兩路分兵》劇照

▲ 董孝芳與李海龍 20 世紀 70 年代演出的《大觀燈》

▲ 二人轉《貴妃戲胡兒》劇照

▲ 二人轉《香妃夢》獲第六屆中國曲藝「牡丹獎」表演獎

自此，梨樹縣二人轉進入了前所未有的發展時期。一九七九年建立縣劇團創作室，創作人員編制納入人事管理，經費納入縣財政撥款。對民間藝人建立檔案，加強管理，舉辦各類培訓班，積極培養少年藝術人才。

　　改革開放三十年來，梨樹縣地方戲曲劇團，一直堅持服務全縣民眾，每年下鄉演出二百場次，連續十一次被吉林省評為藝術建設、經營管理一等獎，三次二等獎，排演劇目一四〇多個，其中本縣新創作劇目八十五個，有七個劇目獲國家獎，有四十七個劇目獲省級獎，在全省推廣的劇目十一個，有四十五個劇目在省級電台和電視台播放，部分做成盒式帶或影碟銷往全國。

　　梨樹縣創作的劇目有九個參加全國匯演或專調進京演出，這些劇目是：二人轉《美人杯》《相親》《鬧發家》《放金龜》《百姓書記》《香妃夢》；單出頭《南郭學藝》；拉場戲《寫情書》和表演唱《政策好地是寶》。其中拉場戲《寫情書》獲得文化部第二屆「文華」劇目獎；二人轉《香妃夢》演員趙丹丹獲得「牡丹獎」。

▲ 二人轉《百姓書記》劇照（縣劇團 提供）

二人轉《百姓書記》由中紀委專調，與二〇〇六年春節聯歡晚會部分優秀節目組合，為中紀委春節晚會演出，是整台節目中唯一一個縣級參演節目。

二〇〇八年七月，吉林省文聯、省人事廳、省文化廳聯合授予趙月正為「吉林省著名二人轉劇作家」稱號，授予董孝芳、董瑋為「吉林省著名二人轉表演藝術家」稱號，陳淑新、王影、白晶為「吉林省優秀二人轉表演藝術家」稱號。

## 「東北三省二人轉論壇」在梨樹舉辦

二〇一〇年九月十二至十四日，由中國曲藝家協會、吉林省文聯主辦，由吉林省二人轉藝術家協會協辦，由梨樹縣委、縣政府承辦的「東北三省二人轉論壇」在梨樹舉行。

▲「二人轉之鄉」授牌儀式（彭景東 攝）

▲ 鞏漢林、金珠在「送歡笑走進梨樹」舞台上表演節目（彭景東 攝）

　　會議期間，中國曲藝家協會黨組書記、副主席姜昆，吉林省文聯黨組書記、副主席楊廷玉，中國曲協副主席、遼寧省曲協主席崔凱，中國曲協分黨組副書記黃啟鈞，中國曲協分黨組成員、秘書長刁惠香，以及東北三省的二人轉藝術專家、學者、文化界知名人士一百多人齊聚梨樹，在對東北二人轉藝術進行研討的同時，對梨樹縣申報的「中國二人轉之鄉」進行考察認定。

　　論壇上，大家就二人轉的由來、現狀以及未來發展趨勢進行了深入交流，認為二人轉的發展主要經歷了原始二人轉、現代二人轉、當下二人轉三個階段。當下的二人轉發展迅速，演出活躍，以搞笑為主，成為集說口、絕活、小品、模仿、唱歌為一體的綜合產物，開始走向市場，自負盈虧，靠演出、票房來生存發展。這個曾經是東北

▲ 「東北三省二人轉論壇」匯報演出

▲ 姜昆、戴志誠在「送歡笑走進梨樹」舞台上表演相聲（彭景東 攝）

民間不起眼的藝術類型，如今在中國掀起了強勁的演藝風，風行大江南北。但面向市場的同時，也暴露出一些民間藝人審美觀念、文化水平等方面的侷限，甚至陷入庸俗、低俗、媚俗的怪圈。為此專家建議，文化部門應不斷引導、提升二人轉的藝術品位，倡導綠色二人轉，把二人轉打造成民族曲藝品牌。

　　姜昆在論壇的總結講話中指出，此次論壇大家見仁見智，從各個角度分析了二人轉這一獨特的文化現象，並針對二人轉發展中所存在的問題提出了很多有益的建議和意見，我們相信此次論壇的成功舉辦必將推動二人轉事業的繁榮發展，讓二人轉這棵大樹更加枝繁葉茂。

　　論壇期間，為展示梨樹二人轉的實力，梨樹為與會人員獻上了一台精彩的文藝演出。演出既有代表二人轉之鄉專業水準的縣劇團精品劇目，又有民間劇團、藝校和文化大院的演出節目。《香妃夢》《美人杯》《老漢背妻》《百姓書記》等二人轉曲目，贏得了陣陣掌聲。著名二人轉表演藝術家董孝芳、閆書平等也來到現場助興表演。姜昆也興致勃勃地走上舞台，即興演唱了一段二人轉，然

後妙趣橫生地表演了相聲小段，將演出推向了高潮。演出結束，姜昆走上舞台和演員合影。

論壇期間，為向與會人員推介、宣傳、展示梨樹二人轉近三百年的發展成果，縣裡專門組織編寫、印製了文圖並茂的宣傳手冊《梨樹二人轉簡史》（周寶文、廖春江 執筆）。

四平市委、市政府，梨樹縣委、縣政府，把這次論壇看作推動梨樹二人轉發展、提升文化軟實力的重要契機，為此進行了精心籌備。時任中共四平市委書記劉喜傑、四平市代市長石國祥，時任梨樹縣委書記李有昌、縣長閆旭等主要領導均出席了會議。

經過「東北三省二人轉論壇」期間對梨樹二人轉發展情況的考察，二〇一〇年十月十一日，中國曲協做出決定，授予吉林省梨樹縣「中國二人轉之鄉」稱號。為顯示對「中國二人轉之鄉」這一榮譽的重視，二〇一一年七月九日下午，中國曲藝家協會專門在梨樹舉行了「中國二人轉之鄉」授牌儀式暨「送歡笑走進梨樹」大型公益演出。

授牌儀式和演出在梨樹影劇院舉行。會上，中國曲協分黨組書記、駐會副主席董耀鵬，中國文學藝術基金會秘書長姜昆代表中國曲協授牌，梨樹縣委書記閆旭、代縣長孫豔軍上台接牌。

授牌儀式後，演出拉開帷幕。全國曲藝界著名表演藝術家姜昆、牛群、戴志誠、鞏漢林、金珠、句號、賈冰、閆淑平、佟長江、劉全和、劉全利，以及我縣的著名二人轉藝術家董孝芳、趙丹丹等紛紛登台獻藝。其演出名家之多、水平之高、影響之大，成為梨樹的一個佳話，也在梨樹文化藝術史上留下了濃墨重彩的一筆。

「東北三省二人轉論壇」和「中國二人轉之鄉授牌儀式暨送歡笑走進梨樹」活動的成功舉辦，標誌著梨樹二人轉正式走向全國，成為梨樹二人轉發展史上的一個頂峰，同時也使梨樹二人轉成為具有濃郁地方特色的文化品牌和亮麗的文化名片。

# 梨樹師範學校創立與發展

在梨樹，提起師範學校，幾乎是無人不知、無人不曉，即便是在四平市乃至全省、全國，梨樹師範學校也曾經是中等師範學校的翹楚與驕傲。走過半個多世紀的風雨歷程，梨樹師範學校不僅為家鄉培養出了一批又一批的教學骨幹與棟梁，同時也為各行各業輸送了無數的菁英與人才。

梨樹師範學校，始建於 1958 年，校址在今天梨樹鎮五小學院內。設初師三班，每班五十人；中師一班，四十人；速成中師語文、數學各一班，每班四十人，在縣內招初中畢業生二七〇人。

1960 年，梨樹師範學校遷至電影院東側原偽縣公署辦公樓。此樓磚木結構，U 型二層，建築面積 4052 平方米，於 1942 年投資一五〇萬元（偽幣）建成，新中國成立後由政府接管，對其進行了整修。1962 年，學校歸省教育廳直屬，擴大到四平地區招生，設幼師班、初師班、中師班、速成班、農職班、師專班等，學制幾個月至三年不等，培養各類人才。

「文革」後，學校遭到破壞，教學用品和圖書損失殆盡。在「兩個估計」精神枷鎖的禁錮下，強調教師改造。1970 年學校被迫遷至孤家子公社西山屯。1972 年 8 月，復遷梨樹城。1973 年開始招收工農兵學員，畢業生面向初中。開設科目：政治、語文、數學、物理、化學、體育、音樂、美術等專業，並實行開門辦學。通過推薦選拔，先後招四期學員，共八八九名，畢業後大部分分配到初中任教。

1977 年恢復高考後，學校在四平地區內招收高中畢業生，學制二年，設政治、語文、數學、英語、物理、化學、體育、音樂、美術等專業，主要為中學培養師資。1980 年至 1999 年學校承擔四平地區的民辦教師培訓工作，除寒暑假的短期培訓外，另招收過兩屆全日制學制二年的民師班。

1981 年至 1999 年，學校重新面向初中招生，設中師班，四年學制，為小

學培養師資；1981 年還曾設置幼師班，學制三年，培養幼兒教師。

1984 年，學校利用省、市撥給經費修建教學樓 3630 平方米。學校占地 19000 平方米，建築面積 8930 平方米。梨樹師範學校從 1958 年到 1991 年，共畢業學生 7634 人。

學校於 1993 年至 1996 年完成遷校計劃，學校地址遷至梨樹縣樹文街 68 號。

2000 年學校開始實行「一校二制」，招收「3+2」學制的高師生。根據國家教育部頒布的《關於師範院校布局結構調整的幾點意見》，面對「中等師範教育將淡出歷史舞台」的現實，主動適應形勢發展需要，增辦高中，嘗試師範教育向高中教育轉制。

▲ 1981 年的梨樹師範學校外景（王萍 提供）

2001 年梨樹師範高中被四平市教育局命名為梨樹師範學校附屬中學。
2006 年送走最後一批高師生，完成轉制，高中獨立辦學。2008 年 12 月 8 日，
學校與吉林師範大學簽署合作辦學協議，學校改名為吉林師範大學實驗高中。
2009 年 9 月 6 日，舉辦了吉林師範大學實驗高中揭牌慶典，學校發展跨入新
的里程。轉辦高中後的梨樹師範學校，先後培養出兩個梨樹縣文科狀元：包晗
（2006 年高考）、張紅寶（2011 年高考）；一個梨樹縣理科狀元：李贏（2012
年高考），其中李贏以六六六分的成績被清華大學錄取。

　　昔日的梨樹師範學校，曾經是被國家教育部授予「為基礎教育培養合格師
資」的優秀單位。我們相信，實現了歷史轉身後的梨樹師範學校，依然是四平
市教育界的中堅。梨樹師範學校的歷程，不僅是梨樹教育的縮影，同時也是梨
樹文化和社會發展的見證。

▲ 搬遷後的梨樹師範主體教學樓（王萍 攝）

# 《梨樹報》創刊與停辦

據史料記載，最早的《梨樹報》，是 1946 年 9 月由梨樹縣人楊維屏創辦的。楊維屏公開的身分是國民黨上尉隨軍記者。他在縣城買賣大街原海豐裡胡同西側臨街掛出「梨樹報社」招牌。後遷移到梨樹飯店北側原高名齋醬園門市部，租房三間。楊自任社長兼主編，至 1974 年春，不定期出刊《梨樹報》約三四期，於同年 5 月停辦，楊維屏也離開梨樹縣。

1956 年 9 月 1 日，中共梨樹縣委創辦《梨樹報》，主編曹永海（時任宣傳部長兼），副主編劉恩。初為週二刊四開四版，1957 年 1 月停辦。

1958 年 10 月《梨樹報》復刊，劉恩任主編，副主編張寶林、王友士。同年 11 月 15 日改為《梨樹日報》（實為週六刊）四開二版。1959 年 5 月，遵照吉林省委指示停刊，先後共出九十一期。

1996 年 12 月，按照梨樹縣機構編制委員會「梨編發〔1996〕28 號文件」精神，組建《梨樹報》社，為正局級事業單位。編制十名，其中社長一人，由梨樹縣委宣傳部副部長孫文兼任；總編一人，由李景志擔任，實行總編負責制。1999 年，設副總編二名，分別是張鐵軍、高尚。報社設辦公室、記者部、編輯部、專刊部、廣告發行部。

1997 年 4 月，《梨樹報》復刊，時任《人民日報》社總編邵華澤為《梨樹報》題寫報頭。1997 年 4 月至 1998 年 12 月，《梨樹報》為週報，四開四版，週五出版。1999 年 1 月至 2003 年 10 月，《梨樹報》改為每週一、三、五出版，四開四版，採取郵發方式發行。縣委辦公室每年下發文件，縣委宣傳部和縣郵政局召開發行訂閱會議，通過報社征訂。

復刊後的《梨樹報》，辦報方針是「堅持以科學的理論武裝人、以正確的輿論引導人、以高尚的精神塑造人、以優秀的作品鼓舞人，講究宣傳藝術，增強吸引力和感召力。」先後開設《看梨樹》《不吐不快》《農家嗑》《老買賣街

▲ 邵華澤題寫的《梨樹報》頭

新話題》《偏臉城茶座》《外地梨樹人》《梨樹農民致富之路》《梨樹名師》《梨樹民間故事》等四十多個具有地方特色的欄目版面。《供熱部門強烈呼籲儘快繳費》《農家嗑》《職工信任的好領導》《收豬記》《假種子事件經歷兩年，207戶農民終獲賠償》《打油的錢不能打醋》等新聞稿件與專欄獲全國縣（市）報一、二、三等獎。

　　《梨樹報》共出版 901 期。1997 年發行 2400 份；1998 年 4200 份，全年單價六十元；1999 年發行 6400 份；2000 年發行 1640 份；2001 年發行 4 800份；2002-2003 年年發行 6000 份。1999-2003 年全年單價一二八元。根據中央辦公廳、國務院辦公廳關於治理報刊的文件要求，2003 年 10 月 22 日《梨樹報》停刊。

# 梨樹打造葉赫影視城

　　葉赫那拉，滿語的意思是「水邊的太陽」。明代葉赫部成為海西女真四部（「海西四部」）之一，依葉赫古城（其所在地在原梨樹縣葉赫滿族鎮，二〇〇五年歸四平市鐵東區所轄，距四平市區 30 公里）稱雄於海西女真。

　　葉赫歷史悠久，是滿族重要的發祥地之一，是清代開國皇帝皇太極生母孝慈高皇后的出生地，也是清末慈禧太后和隆裕皇后的祖籍地，素以「三代皇后的故鄉」而聞名於世。葉赫山川秀美，集山水古蹟於一體。區域內群山環抱，崗巒起伏，蒼松翠柏，綠樹成蔭，是國家林業局命名的一百個國家級天然森林公園之一。區內的轉山湖風光秀麗，因湖水呈「S」形纏繞於青山之間，因此被稱為「轉山湖」。其厚重的歷史人文底蘊加上旖旎的自然風光，使其成為不可多得的旅遊觀光景點和發展文化產業的首選之地。

▼ 影視城正門（柴運鴻 攝）

正是基於這樣一種考慮，上個世紀九〇年代初，梨樹縣委、縣政府，決心以曾經的葉赫古城為參照，在這裡打造一個集休閒、旅遊、度假、文化傳播於一體的影視基地——葉赫影視城。葉赫影視城，於一九九四年六月動工，一九九五年八月竣工，占地一萬平方米，建築面積七千平方米，工程造價七百萬元。建成後的葉赫影視城坐落在轉山湖東面山上，隨山勢而建，呈階梯分布，雕畫精細，獨具滿族文化特色。高大的箭樓巍峨壯觀，座座四合院再現了女真族濃郁的民俗風情，古城四周城牆環繞，森嚴壁壘，再現了當年古城的雄姿。其主要建築有驛站、貝勒府、議事堂、公主樓、五角樓等，皆為青磚建築，古樸典雅。加之城內槐樹、樺樹、青松、雪松各具風采，甬路邊繁花似錦，愈加使這裡的環境顯得格外寧靜清幽，舒爽怡人。

一九九六年，中央電視台、長春電影製片廠、梨樹縣人民政府聯合拍攝的二十八集電視連續劇《葉赫那拉公主》在這裡開機。該劇編劇為李政、孔德選。主要演員及飾演人物分別是：於慧（飾東歌）；楊童舒（飾阿珠）；朱娜（飾孟古）；潘婕（飾烏蘭）；薛中銳（飾李承良）；高彩霞（飾溫姐）；孫松（飾

▼ 影視城內景（柴運鴻 攝）

孟文翰）；王建國（飾代桑）；尹鐵光（飾努爾哈赤）；劉佳（飾卜其格）；朱麗妍（飾小東哥）；李亞肖（飾皇太極）。

全劇的框架，以幾代葉赫那拉公主的命運展開，起伏跌宕。先是葉赫遭偷襲，卜其格為救丈夫，即西城大阿哥布寨捐軀沙場，臨終生下東歌。繼而，外嫁哈達的溫姐縱橫捭闔於部族和明朝之間，空懷中興葉赫之志，「事隨時變，時過境遷」，致使後輩公主重蹈自己的覆轍。年輕一代的葉赫那拉公主，有過一段明媚歡悅的日子，烏蘭與養女東歌、阿珠的瀲灩親情，孟古與阿塔、東歌與孟文翰、阿珠與布場古的纏綿初戀，透露出她們的自由天性。可是，「扛起葉赫半壁江山」的公主們不配有好的命運，孟古懷著對阿塔投水殉情的極度痛苦遠嫁；烏蘭誤中圈套被點「天燈」；苦命的阿珠幾度易夫受盡凌辱，被逼與愛子生離死別；而東歌，文韜武略，無力回天，青春耗盡，客死他鄉。

一九九七年十一月二十七日，二十八集電視連續劇《葉赫那拉公主》在吉林電視台首播。一九九八年二月，該劇在中央電視台電視劇頻道播出，後香港鳳凰衛視等電視台相繼轉播。該電視劇播出後好評如潮，榮獲第七屆全國少數民族電視藝術「駿馬獎」長篇電視劇一等獎、最佳編劇獎。

借影視劇《葉赫那拉公主》掀起的新一輪的葉赫旅遊熱，二〇〇〇年縣裡開始重點在葉赫舉辦「葉赫滿族風情遊」活動。以後相沿成為一個特色品牌。如今的「中國‧葉赫滿族民俗旅遊節」，更是規模宏大，名聞省內外。葉赫影視城，也為了不斷滿足遊客的需求，逐年擴大規模，增添新的旅遊項目和設施。

葉赫影視城的建立，電視連續劇《葉赫那拉公主》的成功拍攝與播映，為提高葉赫的知名度，宣傳葉赫滿族風情和地域文化，為推動葉赫旅遊文化產業的振興與發展，奠定了堅實的基礎，起到了重要的推動作用。

# 梨樹縣榮獲「詩鄉」美譽

二〇一一年十一月，梨樹縣被國家文化部授予「中國詩歌之鄉」榮譽稱號。

這是一個很高的榮譽，是對梨樹深厚文化底蘊的高度認可，是對梨樹詩歌創作成果的充分肯定，是對梨樹廣大詩歌愛好者的巨大鼓舞，同時也使梨樹從此擁有了一張亮麗的文化名片。

梨樹詩歌創作歷史悠久，最早可以追溯到清光緒初年梨樹設縣伊始。首任縣令錢開震、學署訓導趙萬泰、進士陳文焯等人都有詩文留存於梨樹最早的志書《奉化縣志》中。其中，錢開震在《昭蘇城》詩中寫道：「訪到昭蘇信莫疑，山前賴有古城基。長河滾滾今猶在。水不能言亦自知。」而訓導趙萬泰的《梨城》詩中也詠道：「名城千載繫吟魂，梨樹花開白玉溫。此日梨城盡不見，空餘春雪映邊門。」到了中華民國時期，飽學之士錢宗昌、本縣舉人孟松喬等能詩文者益眾。錢宗昌之子錢來蘇，則是上個世紀三四十年代聞名詩壇的「延安十老」之一。

▲ 姜士彬的詩集《七月驚雷》《裝訂歲月》

新中國成立後，縣裡建起了文化館，並設專職輔導員輔導詩歌創作。從上個世紀五〇年代至七〇年代，姜士彬、趙長占、徐成基、武子成、華曙山、呂品、高繼恆、趙春江、呂小兵、李奔放等一批詩人，競相活躍在詩壇上，並先後在《吉林日報》等報刊上陸續發表詩歌、民歌幾百首。

▲ 著名詩人丁耶（王立森 提供）

二十世紀七〇年代及以後梨樹詩歌的繁榮，與一個人密切相關，這個人就是著名詩人——丁耶。一九七〇年丁耶下放到梨樹，並在梨樹文化館工作過。對此，《梨樹縣志》的記載是：「一九七〇年後，詩人丁耶來梨樹插隊，安置在縣文化館，對作者指導與影響很大，此時，全縣詩歌創作日趨活躍，從事業餘詩歌創作知名者達三十餘人。」

上個世紀八〇年代，在改革開放春風的吹拂下，梨樹詩歌日漸繁榮。一九八一年，錢萬成、孔令國、郭殿文、高明遠、趙舒平、張金昌、邵啟生等人相繼開始寫詩並由此步入詩壇。一九八二年，隨著在大學期間就發表了大量詩作、頗具名氣的鄧萬鵬、于耀江的加入，梨樹詩壇愈發活躍起來。一九八二年末，梨樹文聯成立，隨即在詩友們的共同倡議下，於次年正式成立了梨樹自己的詩歌創作與研究團體——「梨花詩會」。詩會推舉縣文聯副主席曲洪岐為理事長，姜士彬、趙長占、張玉潔、呂小兵、鄧萬鵬、于耀江、錢萬成為理事，聘請著名詩人丁耶、李占學、張常信為詩會顧問。

▲ 梨花詩會會刊《梨花》
（王立森 提供）

一九八三年，自一月二十七日舉辦了梨樹縣首屆迎春詩會開始，「梨花詩會」先後召開三次，出版會刊三期，在梨花詩會周圍團結了鄧萬鵬、于耀江、錢萬成、孔令國、郭殿文、張玉潔、張鐵軍、趙舒平、郭連順、張國民、王立森、盧建偉、周興安、高尚、王志發、王芳宇、谷英智、趙宏宇、金寶成、韓少君、張延江、趙仁傑、姜月明、霍德芳等一大批詩人和詩歌作者。這一年，梨樹詩歌的天空星斗滿天，其中最為耀眼的星辰有三顆：鄧萬鵬、于耀江、錢萬成。鄧萬

鵬以其樸實的鄉土氣息、憨厚的農民形象表達出了自己對這片土地誠摯的感情；于耀江的詩則意蘊豐厚、寧靜如禪，反映了他對人生深邃的思考；錢萬成的詩清新明快、意境優美，表達了對故鄉和生活的熱愛。

▲ 梨花詩會出刊的專輯《我們的北方》《青青果》（照片供稿 王立森）

一九八四年，因文聯機構合併，梨花詩會隨之停止一年，但大家熱愛詩歌、創作詩歌的熱情不曾稍減。這時詩人鄧萬鵬已遠赴河南。大家以于耀江、錢萬成、周興安等已頗有成就的詩人為核心自發交流創作體會，並逐步醞釀成立自己的詩社。

一九八五年新春伊始，梨樹縣文聯召開了第四屆委員會。同年三月十六日，第四屆梨花詩會召開。近百名詩友參加了詩會，新老詩友、詩人編輯、領導學生，紛紛登台朗誦詩作，詩會盛況空前。這一年「北方詩社」「小草文學社」「西湖文學社」「寶山文學社」「九月詩社」相繼成立，其中以錢萬成、于耀江任社長的「北方詩社」規模最大，梨樹詩歌由此進入了前有未有的繁榮時期。

一九八六年三月二十六日，第五次「梨花詩會」召開。丁耶、蘆萍、黃淮、梁謝成、呂鐵人、李倫繼、趙春江、趙培光、左正、楊曉光、高凌、韓耀旗、李占學、宋素琴等省市著名詩人、編輯參加盛會。這一年，有三位年輕而頗有個性的女作者加入了梨樹詩壇：王樹影、李靜、任瑛。她們以清純的詩思、豐富的想像、敏銳的藝術感覺，表現了對自我情感的體驗，為梨樹詩壇吹進了一股婉約之風。一九八七年一月，《梨花文學報》又推出了「梨樹詩壇現代詩大展」。可以說這次大展是對梨樹詩壇的又一次大檢閱。

一九九〇年四月，縣文聯舉辦第七次「梨花詩會」。著名詩人公木、胡昭，著名作家王肯等人為詩會題寫詩詞，參加詩會的詩友達四百餘人，創歷史之最。

此後，受市場經濟大潮的衝擊，加之鄧萬鵬（赴河南任《鄭州晚報》副刊編輯）、于耀江（赴四平任市文聯文學編輯）、錢萬成（赴長春任職）三位「梨花詩會」骨幹詩人相繼離開，梨樹詩壇隨之進入了一個

▲ 山牧詩集《回故鄉去看雪》　　▲ 姜佐主辦的社刊《進行》

相對冷清和苦悶的時期。但梨樹詩人和詩歌愛好者們的創作從來沒有止步。上世紀八〇年代嶄露頭角的詩人們依舊堅持寫作，並繼續在報刊上發表作品，同時影響著周圍的文學愛好者在詩歌的道路上默默前行。這期間，姜士彬出版了詩集《七月驚雷》和《裝訂歲月》，山牧出版了詩歌集《回故鄉去看雪》，王

▲ 梨樹縣詩詞楹聯協會會員出版的部分詩詞集

▲ 詩歌之鄉的文化平台——《詩東北》

芳宇出版了詩歌集《桃花依舊》。韓少君的組詩《無齒記》被選入《全國 2003 年詩歌選本》。

　　進入二〇〇八年以後，梨樹古體詩詞創作異軍突起。二〇〇八年七月，梨樹縣詩詞楹聯協會成立，翌年出刊會員文集《韓州風韻》。目前，梨樹共有中華詩詞學會會員三十一名、省級會員十七名、市級會員二十二名、縣級會員八十八名。縣詩詞楹聯協會成立七年來，會員共創作發表詩詞、楹聯作品五千餘首（幅）。期間，白玉良、張希林、李俊和、李鐵夫、李景隆、張勇、戴春昱、袁守剛等先後出版作品集十餘部。在市以上詩詞楹聯大賽中獲獎近百項。其中，李俊和於二〇〇七年獲全國楹聯文化最高獎——梁章鉅獎；陶秋然詩詞入選《世紀詩詞大典》；孟德林獲「中華詩詞特別貢獻詩人」榮譽稱號；徐明森個人獲得全國各類詩詞楹聯賽事獎項二十餘項。

▲ 詩詞「亮化」一條街（魏曉光 提供）

　　二〇一〇年後，梨樹新詩創作活動在經過一段休眠之後，再次進入一個新的活躍期。這個活躍期的到來，得益於中央推動文化大發展大繁榮的各項方針政策，得益於縣委、縣政府對文化的高度重視，同時也得益於文化職能部門的精心謀

劃與設計。近年來，梨樹詩歌活動不斷，新人輩出，成果豐碩。

二〇一一年一月，梨樹縣文體局出刊專門的詩歌刊物《梨樹詩歌》，後改為《詩東北》，到目前為止已出刊十三期。自二〇一一年起，梨樹縣文體局、梨樹縣文聯、梨樹縣作家協會相繼舉辦了三次詩歌研討會，即梨樹女性詩歌創作研討會、梨樹鄉土文藝創作研討會、梨樹鄉土詩歌創作談；三次詩歌主題朗誦會；韓州詩社舉辦了四次同題詩會，即燈籠、驚蟄、清明、端午同題詩會；一次採風活動，即韓州詩社劉家館子採風活動；古體詩詞協會舉辦了三次年會。與此同時，縣直機關、部分鄉鎮、單位、社區、企業、學校也都在各自組織的文藝聯歡活動中把詩歌朗誦作為演出節目之一，詩歌活動深入人心。

二〇一二年，為展示「中國詩歌之鄉」風采，彰顯地域文化底蘊，縣委、縣政府決定在梨樹鎮向陽街、學府路開展詩歌一條街亮化工作，即將梨樹詩人自己創作的詩詞、楹聯印刻在華燈柱上，共設立華燈百座，書詩詞百首，使之成為梨樹的一大文化景觀，大大提升了縣城建設的文化品位。

二〇一三年八月十六至十八日，由梨樹縣委、縣政府主辦的「魅力詩鄉——梨樹印象」中國詩人梨樹採風活動在梨樹成功舉辦。《詩刊》編委、《詩探索》主編林莽，吉林省作家協會（駐會）副主席、《作家》雜誌主編宗仁發，天津市作協理事、全委委員伊蕾，黑龍江省作協副主席、黑龍江省文學院院長李琦，中國社會科學院文學研究所研究員劉福春，《人民文學》雜誌社編輯朱零，《詩刊》社編輯藍野，《新文化報》常務副主編

▲ 採風團詩人們在《詩東北》編輯部座談（王芳宇 攝）

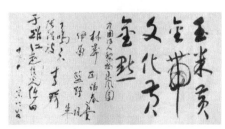

▲ 採風團詩人們在梨樹採風期間的題字和簽名（王芳宇 攝）

任白，《吉林日報》社《東北風》主編趙培光，《詩選刊》副主編張洪波，遼寧省武警總隊紀檢處處長王鳴久，四平市作家協會主于耀江等十五位國內知名詩人、編輯、專家蒞臨梨樹參加了此次活動。

二〇一〇年以來，周興安、王芳宇的詩歌相繼在《詩刊》發表，詩人肖寒的組詩被《人民文學》選用，周興安的詩《鴿子》被收入到中國作協編選的《2013 中國詩歌精選》中，在省級以上刊物發表作品的作者幾十人。

伴隨著歷史的風雨、時代的大潮，梨樹詩歌一路走來。她記錄了社會的發展，反映了文化的嬗變，凝聚了詩人的智慧，展現了地域的風采。我們相信，伴隨著文化大發展、大繁榮的春風，梨樹的詩歌之花一定會越開越豔，「中國詩歌之鄉」的明天一定會更加詩意盎然！

▲ 周興安在《2013 年中國詩歌精選》上發表的作品

第二章

文化名人

梨樹人傑地靈，文學藝術底蘊深厚，文風藝脈代有傳承，各種文藝人才層出不窮，不乏在國內外、省內外知名者。

# 清代詞家聖手——納蘭性德

納蘭性德（1655 年-1685 年），名成德，因生於臘月，故乳名冬郎，後因避太子允礽（小名保成）之嫌改名性德，字容若，號楞伽山人。祖籍梨樹縣葉赫鎮，順治十一年十二月十二日（1655 年 1 月 19 日）生於北京，明珠（葉赫貝勒金台石孫）長子。清代第一詞人，康熙皇帝身邊的一等帶刀侍衛，其文學地位顯著，清代學者王國維稱其「北宋以來，一人而已」。

納蘭性德自幼聰敏，讀書過目不忘，數歲即練習騎射。「童子時，已句出驚人」，十七歲即入太學讀書，為國子監祭酒徐元文賞識，推薦給其兄內閣學士、禮部侍郎徐乾學。十八歲參加順天府鄉試，考中舉人。十九歲在參加完會考之後，因「寒疾」未能參加殿試。而後三年中更加發憤研讀經史，並拜徐乾學為師。

在名師的指導下，兩年中，他主持編輯了一部長達一七九二卷的儒家彙編巨著《通志堂經解》，受到康熙皇帝的賞識。而後又將在蒐集學習文史過程中的見聞和軼事加以整理、考證成文，編輯成四卷集《淥水亭雜識》，書中內容包括歷史、地理、天文、曆法、佛學、音樂、文學等多方面知識，彰顯了出一個十七世紀中國知識分子的開放心態和廣泛的興趣愛好及廣博的知識。

▲ 納蘭性德肖像

他二十二歲時，再次參加殿試，以優異的成績考中二甲第七名，成為滿族入關後第一個通過科舉制度脫穎而出的滿族人，令朝野為之敬佩。康熙皇帝授予他三等侍衛官職，後遷至二等侍衛，再進一等侍衛。

作為康熙皇帝身邊的御前侍衛，以英俊威武的武官身分參與風流斯文的文酒詩會，隨皇帝南巡北狩，遍歷四方，並奉命參與偵查我國東北索倫地區沙俄入侵的軍事情況，隨皇帝唱和詩詞，譯製文章，多次受

到恩賞，是人們羨慕的文武兼備的年少英才，皇帝器重的貼身寵臣，仕途無量的達官顯貴。

他作為文學藝術的奇才，在內心深處，卻厭惡官場勾心鬥角的生活。他的詩文均很出色，尤以詞作著稱於世。二十四歲時，他把自己的詞作編選成集，名為《側帽集》，後更名為《飲水集》。

▲ 納蘭性德手跡

後來有人將他的三四二首詞編輯成一集，名為《納蘭詞》，成為中國文學寶庫中的不朽之作。這些詞作在清代康乾時期就有很高的聲譽，達到「家家爭唱」的局面，並傳至朝鮮、日本等國家。

康熙二十四年暮春時節，納蘭性德抱病與文友相聚，一詠三歎之後，便一病不起。七日之後，溘然長逝，時年僅三十一歲。康熙皇帝聞之大為震痛，忙派員御祭，以示懷念之情。其業師徐乾學親自撰寫墓誌銘及神道碑文。葬禮於康熙二十五年舉行，朝臣紛紛前往憑弔，大家都以無限懷念的心情，為這位曾影響中國文壇的鉅子送行。

# 開縣弘文第一人——錢開震

錢開震（1837年-1912年），字少如，浙江仁和縣（杭州市）人。初任河北某縣丞，後調入天津通商大臣崇厚幕府，以其勞績突出擢升知縣。光緒乙亥年（1875年）奉命來奉天。一八七六年任鳳凰直隸廳同知。一八七七年調義州廳。不久，調奉化籌建縣治。清光緒四年（1878年）任奉化縣（今梨樹縣）知縣。一八八四年升興京同知，後任昌圖知府。

奉化初設縣治，錢到任後，即著手修建縣署衙門，率次修建文廟、明倫堂公署（縣衙）、典史署、監獄、學宮等。縣署落成後，舉行第一次觀風考試，入場文童二十餘人，自此文風為之一振。

錢開震關心百姓疾苦，減輕課賦，每遇災年，開倉賑濟。錢任知縣之初，蒙古地局請准盛京衙門，增加王租，錢開震力陳異議，情詞痛切，遂停辦。

錢開震頗重視公共設施建設。光緒七年（1881年），捐款首創消防組織——天一水會，製水龍兩架，水筒號衣數十件，城內火險由此減少。光緒九年（1883年）太平橋（今四棵樹鄉昭蘇太河三棵樹屯橋）將傾圮，錢開震集鄉紳籌款重建，「擴木架為十四，長三十七丈，寬一丈八尺」，行人交口稱讚。光緒十年（1884年），錢開震捐費並主修《奉化縣志》，記載一些很有價值的歷史資料。錢開震是梨樹縣縣志的創始人，也是第一部縣志的主修者。錢開震為官清廉，曾自撰一聯「祿薄儉常足，官卑廉自高」以自勉。錢開震有較深的文學修養，一九三四年修成的《梨樹縣志》，載有他的詩文多篇。

錢於辛亥革命前卸任，一九一二年二月病卒，享年七十六歲。

# 《吉林報》的創辦者——錢宗昌

錢宗昌，奉化縣（後改稱梨樹縣）第一任知縣錢開震的兒子，光緒壬午科副貢，隨父在奉化縣城居住多年，精於書法，好詩文。一九○六年冬，錢宗昌奉命赴吉林辦理新政，創辦法政學堂、陸軍學堂。一九○七年，錢宗昌開設了吉林印書館，創辦了《吉林報》，後升任吉林高等審判廳廳丞。錢宗昌在奉化縣時寫下了大量詩文。其書寫的《泮池文泉記碑》，後來被毀。有《梨城》等詩傳世。（《梨城》：「梨花放蠻城，春冷雪初晴。記得尋詩處，寒光十里生。」）

▲ 孫礪華手書錢宗昌《梨城》詩

# 「延安十老」之一——錢來蘇

錢來蘇（1884 年-1968 年），原名錢啟隆，字叔常，後改名錢拯，字來蘇，一字太微。奉天省奉化縣（梨樹縣）人。幼時家境甚優，祖父、父親均任清朝二品大員。祖父錢開震，於光緒四年（1878 年）任奉化縣第一任知縣。父錢宗昌，曾任《奉化縣志》總校，吉林道署吉林提法司使。兄弟七人，錢來蘇排行第三。

光緒三十年（1904 年），錢赴日本早稻田大學留學，不到一年，因日俄戰爭爆發棄學回國。在奉天（今瀋陽）創辦了輔華中學，後因經濟困難而停辦。在奉天結識了商震、蔣大同等革命黨人。

▲ 錢來蘇

光緒三十二年（1906 年）冬，錢隨同父親錢宗昌來到吉林市，幫助父親創辦法政學堂和陸軍學堂，推薦革命黨人入校任教。後來錢宗昌開設了吉林印書館，又創辦了《吉林報》，錢來蘇擔任編輯，利用報紙啟發民智，宣傳革命思想。

宣統二年（1910 年），錢考入保定軍需學校，加入了孫中山領導的同盟會。辛亥革命爆發後，被派往東北，參加遼陽立山屯起義，失敗後被捕入獄，直到清政府被推翻後才獲釋。同盟會改組後，他加入了中國國民黨，積極投入反對袁世凱的鬥爭。「五‧四」運動時在保定育德中學和保定軍官學校任教，指導組織保定學生聯合會，響應北京的學生運動。

一九二七年，錢任張作霖的秘書長，後在

哈爾濱任東三省特別區行政長官公署參議。「九一八」事變後，目睹家園淪喪，祕密籌款援助抗日部隊，寫詩抒發愛國情懷，在《「九一八」國難後有所見聞憤而賦此》詩中發出了「丈夫生死尋常事，留好頭顱待價沽」的鏗鏘誓言。東北全境淪陷後避居北平。一九三三年長城戰役後，他受東三省黨務駐平辦事處派遣，出關調

▲ 錢來蘇錄曹植《雜詩》手跡

查日寇在東北的侵略罪行。故地重遊，已是風雲變幻，江山易色，他曾作《重遊龍潭山》一詩，其中有「把酒新亭誰共語，憐余垂老總飄蓬」等句。

一九三七年「七七」事變後，輾轉到達陝西宜川，任第二戰區司令長官部少將參事。常與八路軍駐第二戰區聯絡處往來，逐步認識到只有共產黨才能救中國，遂於一九四二年末毅然脫離第二戰區。

一九四三年三月到達延安，任陝甘寧邊區政府參議員。延安的新氣象，使他感到一生所追求的政治理想就在眼前。在《新年有感》中寫出「遙望中原烽火急，狂流一柱在延安」的詩句。一九四三年寫有《太微六十自狀》，結尾賦詩一首，基本概括了他一生不平凡的經歷。詩曰：「入世漫漫六十年，危船顛簸浪滔天。殘山剩水傷心盡，舊恨新仇過眼煙。長劍飄零鋒自利，故鄉淪落雁空傳。衰年驀遇桃源路，且結漁樵不解緣。」

一九四七年，參加了保衛延安戰鬥，隨後跟隨部隊撤離延安，東渡黃河，在征途中提出加入中國共產黨的申請。一九四八年五月，成為中共正式黨員。一九四九年，任中央文史館館員。他一生中寫了大量愛國詩篇。青年出版社出版的《十老詩選》，收進詩作二十首；《懷安詩社詩選》，收進詩作四十一首；《錢來蘇詩選》（時代文藝出版社出版）選錄了錢來蘇各個時期的作品二五〇首。

# 吉林省著名文藝理論家──田子馥

　　田子馥（1937 年- ），筆名老圃、冷石，出生於吉林省梨樹縣。長期在東北地區從事文化工作。吉林省文藝研究院研究員，吉林藝術學院特聘客座研究員、碩士生導師。

▲ 田子馥

　　一九六六年畢業於東北師範大學中文系（函授）。一九八一至一九八二年在中央戲劇學院進修。一九六〇年參加工作後，歷任四平師範專科學校中師部教師，四平地區戲劇創作室創作員、副主任，四平市（地）文化局副局長、局長、黨組書記，四平市文聯主席、黨組書記，四平市人大常委，《新文化報》總編輯，吉林省文聯委員、吉林省藝術研究所所長兼總支書記，國家一級編劇。中國作家協會會員，中國戲劇家協會會員，中國話劇研究會會員，中國戲曲學會理事，吉林省二人轉藝術家協會副主席，吉林省戲劇理論學會副理事長。

　　田子馥一生致力於美學、詩學、人類學研究。編輯出版專著有《二人轉本體美學》《美的魅力》《東北二人轉審美描述》《美與哲理散論》《鄉土美學──二人轉美學的民間景觀》《文心驛程》等；編輯出版詩學論著有《辛棄疾詞選注》《劉太白詩詞解析》《老圃詩詞選》。編輯出版人類學著作有《曹保明文化人類學》《圖騰詩的人類學境界》等多部作品。單獨完成吉林省社會科學基金、吉林省教委出版基金項目，多次榮獲吉林省長白山文藝獎、社會科學優秀成果獎、優秀圖書獎，二〇〇八年被吉林省文化廳、吉林省人事廳、吉林省文聯聯合授予「吉林省著名文藝理論家」稱號。

# 中國當代楹聯界的掌門人 —— 孟繁錦

　　孟繁錦（1939 年-2014 年），出生於吉林省梨樹縣。祖父孟松喬是晚清廩貢、精於詩書的飽學之士。這個書香之家，使他在幼年受到了良好的國學啟蒙和正統的書法教育。一九五八年考入北京建築工業學院（現武漢工業大學），一九六〇年特招入伍。一九六三年畢業於空軍導彈學院，一九八三年任空政宣傳部副部長，一九八六年任空政文化部部長。

▲ 孟繁錦

　　他長期從事部隊宣傳文化工作，染墨不輟，真草隸篆無不涉獵。其書法作品已形成鮮明的個性。其草書大氣磅礴，遒勁多姿，隸書凝重古樸，氣韻流暢。其作品曾入選新加坡獅城國際書法交流展、全國第二屆刻字藝術展、當代書畫大典《世紀之光》、全國書畫名家邀請展、《北大百年百聯》，入選大型書畫冊《同慶輝煌》《紀念張大千誕辰一百週年華人書畫名家精品展》《中國二十世紀名人刻字大觀》等。為《天女》《紅翼》《江山多嬌》《春色滿園》《海之門》等十餘部電視劇題寫片頭，為數十部書刊題名。有的作品被博物館、紀念館收藏，有的作品入刻「論語碑苑」「江南碑林」等。不少作品遠播海外，被日本、韓國、新加坡、美國等國家的友人收藏。他是空軍代軍歌——《中國空軍進行曲》歌詞執筆者，榮獲「五個一工程」獎的《先進連隊之歌》的詞作者。其兩次率團赴泰國、朝鮮進行文化交流。他主編了《藍天翰墨大觀》，出版了《孟繁錦書法集》《錦雲軒聯墨》、隸書長卷《曹操詩》《孟繁錦隸書千字文》等。他先後在北京、武漢、香港舉辦書法藝術座談會和展覽會。李可染稱讚他書法「有自己的藝術風格」；關山月認為他「才氣超群」；權希

▲ 孟繁錦書法作品之一　　▲ 孟繁錦書法作品之二

軍稱他「書印兩絕」；李鐸贊其書「大氣磅礴」。

　　一九九五年通過馬蕭蕭先生的引介，他加入中國楹聯學會；一九九八年在中國楹聯學會第四屆全國代表大會上當選為名譽理事；二〇〇〇年被選為中聯會常務理事；二〇〇一年又當選為中國楹聯書法藝術委員會副主任；二〇〇二年出任學會代會長，主持全面工作。

　　二〇〇四年他在中國楹聯學會第五次全國代表大會上當選為會長。在他的努力下，楹聯走上了中央電視台春節晚會的重要舞台；納入了國家申報「世界非物質文化遺產」名錄；湧現出一大批「中國楹聯文化城市」「中國楹聯之鄉」「中國楹聯教育基地」；設置了中國楹聯界最高獎——梁章鉅獎等。

# 中國十大民間故事家之一──王海洪

王海洪（1939 年- ），祖籍山東蓬萊，出生於梨樹縣雙河鄉三道崗子村的一個農民家庭。他自童年時期就酷愛民間故事，自 1992 年開始蒐集整理民間故事，並在《民間故事》等雜誌上發表作品。1993 年被吉林省民間文藝家協會命名為民間故事家。1994 年 9 月 25 日他接受中國民間文藝家協會和聯合國教科文組織考察。1998 年 12 月他被授予「中國十大民間故事家」稱號。著有《王海洪故事集》。

▲ 王海洪

# 全國文化先進工作者——白玉良

　　白玉良（1941 年-　　），生於梨樹縣董家鄉董家村，大專文化。一九六一年高中畢業時，被四平師院中文系錄取，因家貧放棄讀書，投筆從戎，在空軍第三軍七三三一部隊服役七年後轉業回鄉。一九六九年後先後在梨樹縣委、縣人大、縣政府工作，歷任縣委組織部科長、縣廣電局局長、縣委常委宣傳部長、縣文聯主席、縣委辦公室主任、縣人大常委會副主任。白玉良是全國中華詩詞協會會員、四平市老年書畫研究會副會長、梨樹縣老年書畫研究會會長。

　　從學生時代起，他就熱愛文學、繪畫、書法、剪紙、篆刻。在中學讀書時，他的剪紙、篆刻作品就在《人民畫報》上刊登，並多次參加省、市級畫展。他在擔任縣委宣傳部部長和縣文聯主席十年期間，結合工作實際，發表新

▲ 白玉良在作畫

聞報導、報告文學、理論文章、詩詞書畫作品等一一○餘篇。上個世紀八○年代中期，他組織開展「梨花詩會」，主編出版了《梨花別韻》詩集。一九八九年，按照國家關於民間文學三套集成的佈置，他組織人力收集整理民間故事，主編出版了《梨樹民間故事》（上下集），蒐集流傳於梨樹境內的民間故事一二五八篇，十三○萬字，發行量五千冊，獲得國家文化部二等獎，其個人獲得「全國文化先進工作者」的嘉獎。

他退休後，熱衷詩詞書畫創作，二○○八年出版個人詩集《松雪堂詩鈔》。二○一一年組織建立「梨樹縣老年書畫研究會」，擔任會長，兼任「四平市老年書畫研究會」副會長。他培養發展老年書畫會員一八○餘人，創辦並主編了會刊《梨樹老年書畫》。梨樹老年書畫活動受到了省、市有關部門和縣委、縣政府領導的高度評價，被授予吉林省「老幹部發揮作用先鋒崗」稱號。

▲ 白玉良篆刻作品

# 國家級非物質文化遺產傳承人 —— 董孝芳

　　董孝芳（1941 年—　），出生於吉林省梨樹縣董家鄉朝陽堡村。歷任梨樹縣地方戲劇團副團長、吉林省戲曲學校講師，吉林省二人轉藝術家協會理事，中國曲藝家協會會員。

　　1953 年，董孝芳高小畢業隨師傅李財（藝名李齙牙）學藝。1964 年 5 月演出的《選年畫》獲吉林省首屆二人轉例會表演一等獎，由四平人民廣播電台錄音，並對中國台灣播放。1980 年 6 月演出的拉場戲《梁賽金擀麵》，送廣州交易會播放，首次把二人轉介紹給中外人士，受到一致好評。1985 年 12 月受姜昆團長邀請，輔導中國廣播文工團赴法演出節目——東北小調「放風箏」，教張德富、李靜民「鳳還巢」扔手絹絕活。1986 年表演二人轉「說口」，由遼寧電視台播放；表演單出頭《南郭學藝》，獲全國曲目大獎賽二等獎。1986 年，他調入吉林省戲曲學校任教。1988 年 7 月獲全國電視文藝大獎賽「星光獎」個人表演三等獎。1998 年 5 月，榮獲二人轉突出成就獎。1989 年 6 月，參加吉林省評轉星大賽，被評為「轉星」。

　　他是把東北二人轉帶入人民大會堂的第一人，得到國家領導人和國際友人的高度讚賞。先後被評為「東北十大轉星」「中國當代藝術家」等。中央領導親自為其題詞「出人出書走正路」。

▲ 董孝芳及女兒董桂茹與趙本山合影

　　他會唱的戲有五十多齣、三十多個小曲小帽。對「唱、說、扮、舞、絕」有自己獨到的見解。「說口」時穩中有俏皮，平靜中有幽默，善於用相聲式的甩包袱技巧，出其不意地出滑稽、出笑料，把觀眾都逗得哄堂大笑，自己卻神態自若。

其手絹功夫，變化多端。有片、翻、滾、纏、抖、拋、飛、轉等，技法純熟，令觀眾目不暇接。創造的「鳳還巢」，當唱到「勝利的紅旗高高飄」時，手絹可以隨著唱腔拋到觀眾頭上十幾米以外的地方，旋轉一圈，再穩穩地飛回到手裡，而時間長度恰在規定的音樂節奏裡完成。

其手玉子大板，十分獨特。七塊竹板，時而「纏線」，時而「紡線」，時而「打面鑼」，時而「放風箏」「大姑娘摘桃」「小媳婦揀棉花」等，響如連珠，花樣繁多。挎大板，更有絕技，能打出各種技巧，如「金龍盤柱」「黑虎出山」「蘇秦背劍」「插花蓋頂」等。大板也可以遠拋，上下翻飛。如果兩個演員配合得好，就可以前拋後接，紅纓抖動，大板翻飛，十分壯觀。

手使雙扇，邊唱邊舞，時如車輪轉動，時如向陽葵花，時如行雲流水，時如蝴蝶翻飛，變化多端，輕盈自如。演唱韻味醇厚，抒情流暢，聲情並茂，字正腔圓。演唱的《大觀燈》，對於盲人的形象有獨特的體會和表演，這個戲一九八三年在遼陽、鐵嶺、鞍山等地演出時，場場爆滿，特別受歡迎，連趙本山、潘長江等都趕來向他學習。

扮相以傳神取勝，成功創造了單出頭《南郭學藝》中「南郭」的形象，造型到位，感情飽滿。在二人轉史上，成功男單出頭寥寥無幾，《南郭學藝》不僅演遍東北三省，而且於一九八四年十二月首次進人民大會堂，給中央領導匯報演出，演出中不僅熟練地運用了優美的唱腔，還創造性地運用了手絹、雙扇等絕活，得到中央領導的高度讚賞。

從藝五十餘年，碩果纍纍。代表曲目有《馬寡婦開店》《大西廂》《梁山伯與祝英台》《瞎子觀燈》《南郭學藝》《神調大全》《老回杯記》《梁賽金擀麵》等，深受觀眾好評，譽滿東北。特別是《瞎子觀燈》讓全國著名笑星趙本山、潘長江學會後，聞名全國。

二〇〇〇年，他離開了執教十五年的吉林省戲曲學校，退休回到梨樹縣。於二〇〇四年十月在梨樹縣掛牌成立了「北方二人轉董孝芳學府」，毫無保留地將自己練就的一身絕技絕藝傳授給了學生，把東北二人轉藝術發揚光大。

# 梨樹現代二人轉的奠基人之一——郭玉芹

▲ 年青時的郭玉芹

郭玉芹（1941 年-2011 年），女，藝名郭香子，出生於梨樹縣董家鄉朝陽堡村。她十三歲開始學習二人轉表演，拜師其父郭雲甲（耿君徒弟），後又拜師著名的二人轉藝人李財，戲路廣，採眾家之長，扮相俊美，表演細膩傳神，唱腔優美委婉。

她一九五五年到梨樹縣地方戲隊做演員，先後當選縣政協委員和人大代表，任縣劇團副團長，省曲協會員。她一生表演了四十幾齣戲，人物性格鮮明，栩栩如生。代表劇目有《紅月娥做夢》《王二姐思夫》《寒江》《李二嫂摔桃》等，尤其是單出頭《紅月娥做夢》，把一個敢恨敢愛、一見鍾情的痴情女子刻畫得淋漓盡致，深深地刻在了觀眾的心裡，此劇目曾受到時任東北局第一書記宋任窮的高度評價。一九六四年吉林省二人轉匯演，她表演的二人轉《李二嫂摔桃》被推廣。

郭玉芹於一九七八年回縣地方戲曲劇團任教，把自己一生的藝術成果毫無保留地傳授給弟子，並培養了一大批像白晶、杜鵑、王穎、趙丹丹等享譽省內外的二人轉藝術人才。一九八〇年為迎接四平地區首屆二人轉例會，她帶領弟子刻苦排練由著名編劇楊維宇改編的二人轉《姜須搬兵》，演出大獲成功。此劇目在吉林省二人轉匯演中獲一等獎，並在全省推廣，在四平地區巡迴演出。繼《姜須搬兵》之後，又相繼導演二人轉《拉馬》《太平一兵》《樓台會》，拉場戲《小天台》《打碗勸婆》等，在省匯演中分別獲獎並受到觀眾的一致好評。

# 作品典藏於毛主席紀念堂的書法家——周雲芳

周雲芳（1941 年-　），女，號長白女史，吉林省梨樹縣人，中國書法家協會會員，曾任吉林省書法家協會副主席、吉林省書法家協會藝術顧問，中國書法家協會會員，北京市書法家協會會員，中國作家協會藝術委員會委員。

她的作品曾多次參加全國大型書法展覽，其中包括在北京展出的「紀念中國書法家協會成立二十週年第一

▲ 周雲芳

屆全國會員優秀作品展」「全國婦女書法展」，以及「中日婦女書法交流展覽」。一九九五年在北京參加「世界婦女大會全國婦女書法展」。二〇〇五年至二〇〇九年曾三次參加北京書協主辦的北京國際書法雙年展。她的作品曾在新加坡、日本、韓國、中國香港、中國澳門、中國台灣等國家和地區巡迴展出並出版專輯。

作品被選入《當代中日著名女書法家作品精選》《中國現代書法選》和《中國書法大字典》等幾十部書法專輯，一九八六年曾被《書法》雜誌第二期載文介紹。現作品已被北京毛主席紀念堂、淮安周恩來紀念館、馬鞍山李白紀念館等多家紀念館收藏，併入刻山東曲阜孔廟等碑林。

一九九八年三月，應新加坡書法家協會邀請，她參加了新加坡華族藝術節和中國百花書法展開幕式。

# 吉林省著名二人轉劇作家——趙月正

趙月正（1943 年-　　），生於梨樹縣喇嘛甸鎮柳樹營村一個農民家庭，四平市第二屆、第三屆文聯委員，省戲劇家協會會員，省二人轉藝術家協會理事，省曲藝家協會會員，中國曲藝家協會會員，四平市文聯曲協副主席，四平市專家協會副理事長，文教專家組組長，二級編劇。

▲ 趙月正在創作

一九五九年七月他畢業於梨樹縣第二中學，隨即考入梨樹師範學校，畢業後分配到喇嘛甸中心校從事教育工作，一九七〇年十月調入梨樹縣文化館文藝輔導組。一九七五年十月他調到梨樹縣戲劇創作組（縣戲劇創作室的前身）從事專職戲曲創作，一九八六年當選為梨樹縣第十屆人大代表，一九八八年在中國電視劇函授中心高級班畢業。一九八九年他擔任縣政協常務委員，一九九〇年二月起擔任梨樹縣政協第八屆、第九屆、第十屆、第十一屆副主席（駐會），並為四平市人大第四屆常務委員。

他的作品在戲劇界有很大影響，十部作品在國家級刊物《劇本》《曲藝》上發表，其中二人轉《倒牽牛》開《劇本》首發二人轉的先例。其中，四部作

品獲國家五次獎勵，其中拉場戲《寫情書》榮獲一九九一年全國戲曲現代戲觀摩匯演優秀劇目獎、優秀編劇獎，並獲得一九九二年國務院文化部頒發的文華新劇目獎，被譽為新時期小戲的代表作；單出頭《南郭學藝》榮獲一九八六年全國曲藝新書（曲）大獎賽創作二等獎；二人轉《美人杯》榮獲一九八七年首屆中國藝術節優秀劇目獎；二人轉《鬧發家》榮獲一九九二年全國個體勞動者協會文藝匯演一等獎。《文藝報》《中國文化報》《光明日報》、中央電視台、香港《大公報》等，曾撰文發表對他作品的評論文章。吉林省文化廳專門召開了他的作品研討會。一九九三年後寫出拉場戲《撐縣長》，二人轉《討債女》《鬧喜堂》等劇目，均參加省會演，取得了較好的藝術效果。二〇一一年，其作品二人轉《香妃夢》獲吉林省長白山文藝作品獎。

　　一九八八年一月，四平市文化局授予趙月正「優秀二人轉劇作家」稱號；同年五月，四平市委、市政府給他記特等功一次；同年六月，他被四平市委、市政府評選為「非黨知識分子拔尖人才」；同年十二月，吉林省人民政府給他記三等功一次；一九九一年六月，他被吉林省委、省政府授予「吉林省第三批有突出貢獻的中青年專業技術人才」稱號；同年十一月，吉林省政府為他記大功一次；一九九二年，其事蹟列入吉林英才館；一九九三年二月入選《中國民間名人錄》，同年六月，入選《中國當代藝術家名人大典》；一九九四年入選《中國曲藝家大辭典》；一九九六年入選《中國當代藝術界名人錄》《中國高級專業技術人才辭典》；二〇〇八年七月，在吉林省首屆二人轉頒獎表彰認證大會上，他被授予「著名二人轉劇作家」榮譽稱號。

# 入選《中國攝影家大辭典》的鄉土攝影家
## ——門起福

　　門起福（1943 年-　），出生於梨樹縣小城子江東道村。一九五五年在家鄉任民辦教師。全國開展掃除文盲活動中開始寫簡報向報社投稿。一九六九年被縣裡調來從事一直酷愛的新聞報導工作。一九七一年在《吉林日報》攝影部學習新聞攝影，受到攝影家李可明、郎奇、蘇南、王繼棟、于洪佩、關井河老師的教導，攝影技術有所長進。此後歷任梨樹縣委宣傳部新聞科科長、副部長，梨樹縣小城子鎮、董家鄉黨委書記。

　　他從事文學、攝影報導工作二十餘年，發表稿件九百多篇，攝影報導八百多幅。其事蹟入選《中國攝影家大辭典》，代表作有《上海知青在農家》《農村大媽逛杭州》《農家金鳳》《村頭戲》等，獲各級獎項三十餘次。曾為吉林攝影家協會會員，梨樹縣攝影協會主席。

▲ 門起福

# 「岳池杯」金獎編劇 ── 陶秋然

　　陶秋然（1951 年-　），中國楹聯協會會員、省作協會員，四平市劇協名譽主席，曾任梨樹縣文化局局長、縣委宣傳部副部長兼縣文聯主席，二〇〇七年被評為四平市文化名人。他創作發表影視劇本《紅匣子》《樹神》《同名的她》《古城奇緣》等多部。其中，電影劇本《樹神》獲「星光」獎。曾擔任電視劇《葉赫那拉公主》製片人及總監，該劇獲「駿馬獎」、中央電視台「飛天」獎。發表詩詞、楹聯、歌詞作品幾百件，獲各級獎項若干。創作舞台作品多部，曾獲省藝術節一等獎多次。二〇一三年，二人轉《男人的煩惱事》獲全國曲藝之鄉曲藝大賽「岳池杯」金獎。

▲ 陶秋然

# 中國楹聯最高成就獎得主——李俊和

　　李俊和（1954 年-　），字驤之，室稱勖修堂，梨樹縣小寬鄉陳家屯人，本科學歷，高級職稱，梨樹縣供銷合作社聯合社科長，中國書法家協會會員、中國楹聯學會名譽理事、中華對聯文化研究院研究員、中華詩詞學會會員、吉林省楹聯家協會副主席、四平市管高級專家。

　　他對書法、詩詞、楹聯、篆刻、刻字等均有很深的研究和造詣。他作詩千餘首，撰聯近二萬副。在各類報刊、雜誌發表詩詞、楹聯、書法作品二千餘件。百餘幅書法作品作為禮品送往美國、日本、埃及、印度尼西亞、馬來西亞等國。數百幅詩聯及書法作品刻入南京總統府、山西鸛雀樓、山東李清照詞園、吉林葉赫那拉古城、湖南岳陽對聯園、福建朱熹紀念館、山西和順雲龍山

▲ 李俊和

佛光寺、河北臨漳鄴城博物館、吉林師範大學等全國各地名勝古蹟、碑林、碑廊、碑牆、重點建築及被有關博物館、紀念館、藝術館收藏。

他的詩詞、楹聯、書法作品在全國各類大賽中獲獎四百餘次，僅一等獎就達四十餘次。

2001 年起，他連續九年獲得中國楹聯年度創作獎。2004 年被評為弘揚楹聯文化全國先進個人。2005 年應邀參加中央電視台春節聯歡晚會的楹聯創作。2007 年獲得楹聯全國最高成就獎——梁章鉅獎。他的傳略載入《中國歷代書法家人名大辭典》《中國當代楹聯藝術家大辭典》《中國當代詩詞藝術家大辭典》等三十餘部辭書。書法作品收入《中國當代著名書法家作品選集》《中國當代書法名家墨跡》等五十餘部專集。

李俊和出版有《鋼筆楷書速成導學》《李俊和獲獎詩聯墨跡選》《勘修堂實用楹聯大觀》等作品。待出版的有《蘭亭序集字聯千副》《好太王碑集字聯千副》《論歷代書家七絕詩》《李俊和詩詞選集》及毛筆字帖和鋼筆字帖多種。

▲ 李俊和書法作品

# 「文化援藏」工作的開拓者──趙春江

　　趙春江（1954 年- ），梨樹縣人，一九七五年九月參加工作，大學本科學歷，高級編輯，吉林大學文學院兼職教授，中國國家地理簽約攝影師，中國攝影家協會會員，中國作家協會會員。

　　一九七五年參加工作以來，他先後擔任小學公辦代課教師；縣教育局幹事；《吉林日報》社記者、編輯；《城市時報》副刊部主任、副總編輯、總編；《吉林日報》社務委員；《吉林經濟報》主編；《吉林日報》市州新聞中心主任兼記者部主任。二〇〇六年七月至二〇一〇年十月任吉林省文聯（吉林省作家協會）黨組成員、副主席；二〇一〇年十月至今任吉林省作家協會黨組成員、副主席，現任吉林省攝影家協會主席。

　　他前後二十八次進藏拍攝考察，成為全國唯一走遍「喜馬拉雅五條溝」和「中國最後一座陸路孤島──陳塘全境所有村落」的漢族人。趙春江曾在二〇〇八年和二〇〇九年兩次深入陳塘，克服常人難以想像的高山反應和泥石

▼ 趙春江在西藏考察

▲ 趙春江羌姆石窟攝影

流、滑坡、落石、雪崩、螞蟥區等危險，數十次翻越海拔五千多米的山口，拍攝了數十萬張圖片和數十小時的珍貴影像資料，以國內獨一無二的「文化援藏」方式，為搶救保護祖國的生態文化，幫扶貧困地區，促進西藏建設做出了突出貢獻。

在喜馬拉雅山脈腹地，他發掘陳塘夏爾巴人的原生態文化，考察達曼人的歷史淵源，用影像和文字，圖文並茂地記錄了拉亞旦嘎傳承千載的甲諧歌舞，發現了羌姆石窟，成為探究藏域文化的開拓者，被國內地理、攝影界稱為「顛覆了人們對西藏的傳統認識」。

一九九五年起，他先後在長春、北京、平遙、連州等國際攝影展上舉辦推出一系列個人攝影作品展：《並不遙遠並不陌生——趙春江西藏風情攝影展》《中國最後一座陸路孤島——陳塘夏爾巴人生態視覺展》《羌姆石窟——趙春江攝影發現》《趙春江作品：喜馬拉雅最後的密境——中國夏爾巴人》《趙春江攝影發現——羌姆石窟》等。

他先後出版有《趙春江西藏風情攝影集》《羌姆石窟》《喜馬拉雅五條溝》《中國夏爾巴人》《中國達曼人》《甲諧歌舞》《生命之於西藏的感悟》《松花江到雅魯藏布江》《趙春江西藏風光民俗文化叢書》（三冊）、三十集電視連續劇文學劇本《離太陽最近的地方》十部西藏地理民俗攝影人文專著，在全國學術界產生巨大影響。

▲ 趙春江西藏攝影作品

# 四平市十佳社科學者、文化名人──張振海

張振海（1954 年-　），生於河北吳橋，故曾用筆名吳樵子。自幼喜歡文字，中學畢業後他在孤家子糧庫文藝隊、孤家子農場文工團工作。做過演員、演奏員、編劇，一九八一年調入梨樹縣戲劇創作室，做專職創作員，創作有二人轉、話劇、小說、散文、評論等作品，並獲多種獎項。

他一九八四至一九八六年就讀中央戲劇學院戲劇文學系。一九九二年調入四平市藝術研究室工作，現為藝術研究室副主任、《大東北文化報》

▲ 張振海

主編，中國戲劇家協會會員、中國戲劇文學學會會員、吉林省戲劇家協會理事、四平市戲劇家協會副主席、四平市互聯網文化工作者協會主席、國家一級編劇。

曾主編《中國詩詞名篇鑑賞》（西藏人民出版社 2001 年），主要著作有《新新人類》（中華工商聯合出版社 1999 年出版）、《網蟲》（中國戲劇出版社 1999 年出版）、《挺經》（中國言實出版社 1998 年出版）、《治平寶鑑》（中國言實出版社 1998 年出版）、《曾門五兄弟》（中國戲劇出版社 1999 年出版）、《神族》（吉林人民出版社 2004 年出版）、《版主獨白》（北京出版社 2005 年出版）、《可以為歌》《可以評論》（吉林人民出版社 2006 年出版）；與人合著《四平文化史略》（吉林人民出版社 2004 年出版）、《單鼓藝術論》（花城出版社 2005 年出版）、《好女人辭典》（現代出版社 2004 年出版）等。另與他人主編文論、散文、詩歌選集等多部。

張振海於二〇〇五年被評為四平市首屆「十佳社科學者獎」；二〇〇六年被評為四平市首屆「文化名人」。

# 二人轉藝術家中的「拔尖人才」──董瑋

董瑋（1956年- ），女，遼寧省開原縣人。中國曲藝家協會會員，吉林省戲曲家協會會員，吉林省二人轉藝術家協會副主席，國家一級演員，文化部批准的「拔尖人才」，享受國務院政府特殊津貼。

一九七一年，年僅十五歲的董瑋初中畢業後在吉林省梨樹縣文工團工作，學戲時「冬練三九，夏練三伏」，沒有師父指導，只能一人琢磨、研究。這種鑽研進取的精神，造就了她後來的成功。

她與韓子平的合作緣於一次偶然的機會。一九七六年，正趕上全國曲藝匯演，吉林省推選梨樹縣文工團的《情深似海》參演，而董瑋是這部戲的主創人員，加上她出色的功底，女主演非她莫屬。男主角原是董孝芳，但是兩個人的藝術風格、表演方式相差頗大。當時的韓子平在白城地區洮南縣文工團，曾參加過匯演，唱得好，演得好，有一定的名氣了，與董瑋的風格也一致，領導就將他們做了搭檔。沒想到，兩個人的風格的確相同，而且很有默契。

提到《回杯記》，這個戲讓全東北乃至全國的觀眾真正地記住了韓子平、董瑋這對搭檔。這個戲被評為一九八一年省級綜合一等獎，一九八四年被中央電視台錄製播出。一九八三年十二月，他們應中國唱片社邀請在首都長安大戲院演出，《回杯記》作為壓軸戲出場，演出結束後觀眾掌聲不斷，最後只能返場，現場決定演出《水漫蘭橋》中的片段《打水歌》。他們還將《回杯記》《啞女出嫁》帶進人民大會堂演出。

一九八〇年，這對搭檔調入了吉林省民間藝術團。在演出的同時，兩個人共同研究劇本，剖析人物形象，追求舞台表現，成功塑造了舞台上的各種人物。可以說他們是推動了二人轉承前啟後的歷史性轉折，促進以前的述說型二人轉過渡到了藝術型、生動型二人轉，使二人轉真正實現了「雅俗共賞」。

她演出的二人轉《啞女出嫁》獲全國曲藝、新曲書目比賽個人表演一等

獎；拉場戲《梁祝下山》獲全國「長治杯」曲藝大賽個人表演二等獎；《大拜年》獲全國電視文藝星光獎三等獎；拉場戲《離婚夫妻》獲文化部「文華獎」，並分獲全國首屆二人轉觀摩演出、中國劇協「重鋼杯」百優小品大賽和全省二人轉新劇目匯演個人表演一等獎；二人轉《梁祝下山》獲優秀演唱獎；拉場戲《代替不了》獲全省二人轉匯演個人表演一等獎；二人轉《水漫蘭橋》獲全省中青年匯演個人表演一等獎；對唱《贊新風》獲省文化廳廣播演唱一等獎；拉場戲《離婚夫妻》獲全省二人轉新劇目匯演個人表演一等獎；二人轉《老兩口爭燈》獲省匯演表演一等獎；拉場戲《知縣與太監》獲全省二人轉匯演個人表演一等獎。她共獲國家級獎項六個，省級個人表演一等獎八個，省級綜合一等獎六個，被中央電視台錄製播出的劇目八個，錄製磁帶、影碟多達百餘個。

▲ 二人轉藝術家董瑋

# 「金話筒」獎獲得者——尹興軍

尹興軍（1956 年-　），祖籍山東蓬萊。他早年隨父親下放到吉林省梨樹縣。一九七一年二月考入吉林省梨樹縣文工團，先後任演員、伴奏員、作曲、導演、團長等職。

▲ 尹興軍

一九八三年七月，尹興軍從大連外語學院日語專業畢業。

一九八五年七月，尹興軍從吉林藝術學院戲劇系導演專科班畢業後留院任教。一九八九年七月，中央戲劇學院導演本科助教畢業，學業期滿返長春繼續教學。

一九九三年他調入吉林電視台，先後任編導、製片人、節目主持人等職。

二〇〇一年以後他擔任吉林電視台鄉村頻道總監，主持鄉村頻道工作，接連推出《鄉村四季》《鄉村戲苑》《鄉村生活》《村長辦事處》等欄目。之後，尹興軍任吉林電視台公共頻道調研員、北師大藝術與傳媒專業客座教授、海南影視藝術中心客座策劃及總導演等職務。

尹興軍主演和導演過不同劇種、不同劇目的戲劇戲曲三百餘部。其中《寫情書》《晴雯傳》《離婚夫妻》《村長醉酒》《黃蓮花》《罵鴨》《賣油郎獨占花魁》《雪姑娘》《春姑娘》《火姑娘》《金姑娘》《王祥臥魚兒》《趕著爬犁過大年》等多個劇目獲得「文華」新劇目獎、「五個一工程」獎和全國戲曲一等獎等多項大獎。

導演過的小品有《賣拐》《心病》《有錢了》《面子》《賣貓》《包袱》《國旗衛士》《破爛王》《老鄉》《相門戶》《打電話》《南方女婿》《酒膽兒》《花雨傘》《老姑來了》《李三》《寫情書》《稅情》《苦夏》《送戲》《集郵》《考古》

《逃票》等。其中《賣拐》《心病》獲中央電視台春節晚會一等獎。

尹興軍主持並編導的《農村俱樂部》《東北地方戲》《村長辦事處》等欄目，多次獲得全國電視藝術「星光獎」「金鷹獎」「蘭花獎」「金牛獎」和省級的「黃河杯獎」「丹頂鶴杯獎」「長白山文藝獎」等大獎。

導演和參與演出的電視劇《藍色警盾》《遲桂花》《告別白樺林》和《去意徊徨》《一個軍人所遇到的》摘取電視藝術「金虎獎」等各種獎項。

導演並主持、表演的電視藝術專題片《土色土香二人轉》《九腔十八調七十二嗨嗨》，連續兩屆摘取全國電視戲曲藝術「蘭花獎」金獎的桂冠。

個人曾獲第五屆全國「金話筒」獎、省委省政府突出貢獻獎，並先後被評為吉林省勞動模範、吉林省創業先鋒、吉林廣播電視局優秀幹部、優秀黨員和先進工作者。尹興軍擔任中國電視戲曲展播評委會秘書長和終評委，中國廣播電視戲曲「蘭花獎」終評委，中國農視委理事，中國廣播電視文藝研究會副秘書長，中國廣播電視協會主持人研究會委員，高級編輯。

# 榮獲「吉林文學獎」的詩人 —— 于耀江

　　于耀江（1956年-　），吉林省梨樹縣人，一九七四年上山下鄉，一九八二年吉林省四平師範學院（吉林師範大學文學院前身）漢語言文學繫畢業。一九八二年從事機關工作，先後任梨樹團縣委宣傳部長、梨樹縣文化局藝術科長。一九八六年調入四平市文聯，曾任組聯部主任、編輯部主任，《松遼文學》《東北文學》副主編，《關東作家》副主編、執行主編、主編。

　　于耀江一九七八年開始文學創作，在《詩刊》《人民文學》《萌芽》《星星詩刊》《作家》《詩人》《綠風》《青春》《海韻》《作品》《飛天》《山花》《中國詩歌》等幾十種報刊發表作品。出版有詩集《未之花》《于耀江抒情詩選》《個人風景》《危險的細節》《花間》；散文集《青青木柵欄》；隨筆集《詩人與情人》。

▲ 著名詩人 于耀江

他的詩歌作品多次入選《中國當代大學生詩選》《當代大學生抒情詩精選》《中國當代校園詩歌選萃》《校園沉思錄》《中國當代詩歌大觀》《1989-1990青年詩選》《中國當代哲理詩選》《過目難忘》《再見‧二十世紀》《一行詩人作品選》《新時期十年吉林作家代表作》《中國當代詩庫》《中國詩典》《東三省詩歌年鑑》《全國報刊集萃》等，並多次入選年度《中國詩歌精選》《中國最佳詩歌》；組織出版「白樺林叢書」，三五〇萬字；主編《四平作家作品精選》，收錄四百餘件作品，一百萬字。

他的詩歌《晶花小集》，於一九八二年獲「東遼河」優秀文學獎；詩歌《這片藍天下》，在一九九一年吉林人民出版社舉辦的「新苗杯」大獎賽中獲一等獎；散文《醒也朦朧醉也朦朧》，在一九八九年《吉林日報》舉辦的長白山徵文中獲一等獎；散文《我心愛的一本書》，在一九九一年《城市晚報》舉辦的徵文活動中獲三等獎；詩歌《危險的細節》《接下來就是雨夜》獲吉林省作家協會第二屆文學創作獎；詩集《危險的細節》，在二〇一一年吉林省作家協會舉辦的「吉林文學獎」中獲一等獎。二〇〇七年在四平市百名文化名人評比活動中被評為「四平市文化名人」。

于耀江現為中國作家協會會員、吉林省文學創作中心聘任製作家、四平市作家協會主席。

# 入選《中國最佳詩歌》的詩人──鄧萬鵬

　　鄧萬鵬（1957 年-　），吉林省梨樹縣梨樹鎮人。祖籍山東省。高中畢業後作為知青到梨樹縣大房身鄉苗圃六隊插隊；一九八二年畢業於東北師範大學中文系；參加工作後歷任吉林省梨樹縣文化局創作組創作員、河南省平頂山市

廣播電台文藝部編輯、《鄭州晚報》社副刊部編輯、副刊部主任、《鄭州日報》社副刊中心主任、報社編委、副主編。他先後擔任河南省作協理事、河南省報刊協會副會長、河南省詩歌協會副會長、鄭州市作協副主席，中國作家協會會員。

▲ 著名詩人 鄧萬鵬

　　他於一九七六年八月在《吉林文藝》發表處女作，陸續在《詩刊》《人民日報》《解放軍報》《星星詩刊》《綠風詩刊》《萌芽》《詩人》《詩神》《作家》，以及中國台灣詩刊《笠》、香港《詩歌雙月刊》、日本《亞洲詩壇》、美國《新大陸》詩刊等報刊發表大量詩作。其中《位置》《日子》《人的嫁接》《大漠黃昏》《距離》等多次入選《詩選刊》。

　　二十世紀九〇年代，他的詩打破自己固有格局，向先鋒詩轉型。這期間作品發表於網絡和部分期刊。主要作品收入《時光插圖》一書。著有詩集、散文集《走向黃河》《牧鵝少女》《冷愛》《方方世界》《野韻》《愛河》《落花》《火與流水》《鄧萬鵬的詩》《不敢說謊》十種。他的作品被《新中國 50 年詩選》《中國詩典》《中國詩歌年鑑》《中國當代詩人傳略》《中國詩歌精選》《中國最佳詩歌》《中國詩歌排行榜》《中國年度優秀詩選》《中國年度詩歌選》《詩生活年選》等收入。

# 以正書入選全國大展的書法家──白石

　　白石（1958 年-　），吉林省梨樹縣人，現為梨樹縣交通局工會主席，縣政協委員，四平市文化名人，中國書法家協會會員，吉林省書法家協會理事，四平市書法家協會副主席，梨樹縣書法家協會主席。

　　他自幼酷愛書法，幾十年筆耕不輟。一九八九年畢業於中國書畫函授大學。二〇〇二年結業於中國書法家協會書法培訓中心研修班。他擅長楷書，兼能行草。其書法風格清新流暢，古樸自然，嚴謹端莊。

　　他的書法作品曾獲中國書畫函授大學師生書畫展優秀作品獎；全國「希望杯」

▲ 梨樹縣書法家協會主席 白石

書法展優秀獎；全國交通部第二屆職工書畫展二等獎；第六屆、第七屆全國交通系統職工書畫展書法三等獎；長春國際汽博會書畫展書法金獎；吉林省首屆黨政幹部千人書法大展一等獎；吉林省交通運輸系統職工書畫展書法一等獎。他的楷書作品入展第八屆全國書法篆刻展。

　　其書法作品及傳略被收入《中國當代青年書法家詞典》《中日硬筆書法名家大詞典》《中國當代藝術界名人錄》等辭書。作品被吉林省博物館、檔案館、遼河美術館、四平博物館收藏。

# 將兒童詩寫進教材的詩人 —— 錢萬成

　　錢萬成（1959 年-　），筆名金童，生於黑龍江省龍江縣，在吉林省梨樹縣長大。早年畢業於梨樹師範學校中文系，後畢業於四平師範學院中文系、吉林省委黨校經濟管理學研究生班。他一九七六年參加工作，歷任國營梨樹農場二農機廠政工幹部、梨樹師範學校教師、中共梨樹縣委組織部幹部、長春市工商局主任科員、中共長春市委辦公廳主任科員、副處長、處長、副主任、市委副秘書長兼辦公廳主任。二〇〇七年他擔任中共長春市委常委、秘書長，之後兼任中共長春市朝陽區委書記。現為吉林省作家協會理事、長春市作家協會理事、吉林省兒童文學工作委員會委員、長春市作家協會副主席。

　　他於一九七八年開始詩歌創作，從《詩刊》《星星》《詩歌報》《詩人》等詩歌雜誌步入詩壇，著有詩集《錢萬成詩選》，散文集《黑土魂》等。

▲ 著名詩人 錢萬成

▲ 錢萬成書法

　　他於二○○八年加入中國作家協會，醉心於兒童文學，著有兒童詩集《快快樂樂你的世界》《365 日歌謠》《趣味童話兒歌》《神奇的星星樹》，出版《老狼哈克》《小兔灰灰》等低幼童話畫冊多種。其作品曾入選《中國兒童文學大系》《中國兒童文學 50 年精品庫》等多種選本。其詩歌《留住童年》《同學》《媽媽》，兒歌《小毛驢蓋房》《友誼糖》分別入選滬版初中語文實驗教材、《中國高中生詩歌閱讀指導大全》《幼兒園新詩朗誦》、教科社《義務教育課程標準實驗教材》（一年級語文）和幼兒園實驗教材。作品獲生肖兒歌大賽三等獎、鼓勵獎，《兒童文學》年度優秀作品獎，中國作協、詩刊社校園兒童詩大賽三等獎，長春市寓言童話圖書一等獎，並有作品譯介海外。

▲ 錢萬成作品

# 吉林省二人轉「轉星」——陳淑新

　　陳淑新（1960 年-　），女，原名陳淑華，一九六〇年三月生於梨樹縣孤家子茅山村，歷任梨樹縣地方戲曲劇團副團長、梨樹縣文學藝術界聯合會文藝部主任，國家二級演員，中國曲藝家協會會員。

　　她自幼聰明好學，在其讀過私塾的父親的指導下，未入小學之前便會講述一些小故事，而且還能簡單演唱二人轉《西廂》《藍橋》《梁賽金擀麵》等片段。八歲便能完整地演唱現代二人轉《紅色飼養員》。

　　一九七六年高中畢業後，她憑藉在學校時參加文藝演出的基礎，加之姿容出色的先天條件，被選入梨樹縣文工團當演員。初期，她在著名二人轉演員董孝芳、郭玉芹指導下，進步很快，首次主演大型評劇《小女婿》，劇中扮演楊

▲ 陳淑新指導學員苦練基本功

香草，嶄露風采，她以純情真摯而優美的表演，感染了梨樹觀眾。每到一地演出，人們台前台後都想看看鄉村姑娘「楊香草」，一些青年觀眾視她為村姑偶像。接著，她主演了大型吉劇《江姐》和《碧血丹心》，歌劇《劉胡蘭》及話劇《櫃檯》等劇目，演技不斷提高，藝術逐漸走向成熟。

一九七八年，她首次與董孝芳合作，演出現代二人轉《糧店新風》，參加吉林省文化局舉辦的文藝調演，獲個人優秀表演獎。一九八〇年演唱的單出頭《秀琴盼夫》，被中央廣播電台和解放軍福建廣播電台選中，作為對中國台灣廣播節目，連續播放長達五年時間。一九八一年八月演唱的單出頭《胖大嫂揭榜》獲吉林省歌唱社會主義新人新風廣播評比優秀演唱獎，同年底與董孝芳合演的二人戲《田嫂抓豬》又在四平地區二人轉例會上獲個人表演一等獎。此場演出的次日，參加全國農村文化藝術先進集體、先進個人表彰大會，被授予「全國農村藝術先進工作者」稱號，受到國家領導人萬里等接見。

作為吉林省二人轉界較有影響的演員，她的藝術表演形成了自己的風格。以唱見功，以情取人，代表劇目是拉場戲《梁賽金擀麵》，久演不衰。一九八三年中央唱片社和長白山音像出版社分別灌製唱片和錄製盒式帶，其唱片在一九八四年中央唱片社際交易會上銷量名列榜首，其唱腔迴響大江南北及我國香港和台灣地區，以及東南亞十幾個國家地區。

一九八九年，她在吉林省二人轉電視大獎賽上摘取「轉星」桂冠，躋身於吉林省二人轉「十大轉星」行列。一九九一年全省二人轉協會例會上，當選吉林省二人轉藝術家協會副主席。

她先後演出《貂蟬怨》《穆桂英大鬧白虎堂》《師徒之間》《三接丈母娘》《紅花崗》等新編劇目及《西廂》《藍橋》《紅月娥做夢》等傳統劇目百餘個，演出二〇〇〇餘場。

因多年積勞成疾，加之聲帶病變不癒，她於一九九六年忍痛退出舞台，現開辦有「樹新戲曲學校」。

# 吉林省二人轉「轉星」——白晶

　　白晶（1962 年- ），女，梨樹縣人，國家一級演員，中國曲藝家協會會員，中國戲劇家協會會員，曾任梨樹縣戲曲劇團工會主席。

　　一九七八年五月，她進入梨樹縣地方戲曲劇團後，受到系統、嚴格的基礎訓練，第二年便登台演出二人轉《倒牽牛》，成功地塑造了丑角形象勾麗秋，獲省表演一等獎，中國唱片社灌製了唱片。二人轉專家王肯先生說：「白晶的表演是一個突破，打破了舊有的一旦一丑表演模式……」這之後她演出《鬧發家》又獲極大成功，《中國文化報》有文稱其表演詼諧、幽默。一九八七年二人轉《美人杯》參加省匯演，其獨特的表演風格引起了評委和觀眾的極大興趣，獲表演一等獎。同年九月，該劇目進京參加第一屆中國藝術節獲獎，並受到國家領導人接見。

　　一九九一年，她在拉場戲《寫情書》中成功地飾演了一個平庸、淺薄的市井女子，揭示了「腦體倒掛」這一深刻主題。該劇在吉林省首屆藝術節上獲獎，後赴揚州參加全國戲曲現代戲觀摩演出，出色的表演征服了江南觀眾，獲優秀表演獎。《光明日報》有專文評價其表演：「對人物刻畫惟妙惟肖，重形更重神，

▲ 白晶劇照

形、神皆似……」

　　一九九二年，獲國家文化部頒發的「文華獎」。同年十二月，她演出的二人轉《放金龜》參加全國二人轉匯演獲表演一等獎。《城市時報》先後刊出《女轉星》《白晶的魅力》等文章，對其表演及藝術風格大加讚譽。

　　她演出的《討債女》《撞縣長》《月朦朧》等劇目獲省級以上一等獎；在振興四平建功賽中榮立特等功；在貢獻杯競賽中獲文化藝術獎；其作品入選《中國專家名人辭典》；被聘為東方藝術學院客座教授。

　　她戲路很寬，在其他藝術領域中也收穫頗豐，主演話劇受觀眾好評，戲劇小品《見怪不怪》《洗染問題》等在吉林電視台播出。一九九四年她參加中國台灣衛視來大陸攝製地方採風演出，將東北二人轉藝術介紹給世界；她在電視劇《葉赫那拉公主》中出鏡，在電視劇《關東吉普賽》中成功扮演主要人物姜不辣；在電視劇《國徽下的採訪報告》中飾演主要人物，該劇在中央電視台播放。先後與趙本山、潘長江、黃宏等人聯袂錄製錄像、盒式錄音帶《磕巴對戲》《寫情書》《春節娛樂大全》等三十五種。她在二人轉表演藝術上多有心得，曾有《論江北二人轉丑角藝術》等文見於《戲劇研究文集》等藝術研究刊物。

　　她的表演以丑見長，丑中見美。善於塑造卑俗、自私的婦女形象，表演注重於人物的心理刻畫，質樸、自然、流暢、耐看，唱腔清脆，長於聲音化妝，在二人轉舞台實踐中繼承了傳統精華，學古而不泥古，大膽地將姐妹藝術引入自己的表演，形成了自己的風格，有專家稱其表演成了二人轉表演的一個流派。

　　她的代表劇目有《倒牽牛》《美人杯》《寫情書》《放金龜》等。一九九三年梨樹縣委、縣政府授予她「專業人員有突出貢獻拔尖人才」稱號。先後當選梨樹縣政協委員、四平市政協委員，被評為吉林省二人轉「轉星」。

# 永存記憶中的「馮鄉長」——李正春

　　李正春（1962 年-2007 年），吉林省梨樹縣勝利公社石廟子大隊人，二人轉演員。

▲ 李正春

　　他自幼喜愛文藝，嗓音洪亮，又極具表現力，很小就是校宣傳隊的文藝骨幹，每次學校有活動，他的演唱是必不可少的，也是最受歡迎的。直到初中畢業，他家裡生活依舊很困難，為了給家裡減輕負擔，他決定去學二人轉。起初父親並不同意，但最終沒有拗過兒子，同意他去梨樹縣文化館舉辦的二人轉班學習。

　　一九八二年，李正春成為縣劇團的正式演員。在縣劇團期間，結識了恩師趙本山，趙本山當時在遼北已小有名氣。他早就仰慕趙本山的名聲，決定拜師，趙本山收他為徒。一次，回憶起當初「拜師宴」時，李政春一臉愧疚：「拜師儀式很簡單，現在想起來都有些對不起師傅。我當時很窮，只簡單買了幾個菜，打了些散啤酒，把團裡領導請到宿舍，就算正式拜師了」。後來，師徒二人相繼離開了劇團。直到拍《劉老根》時，趙本山覺得他可以塑造「馮鄉長」，就找到了他。這樣，他才再度走進演藝圈，先後在《劉老根》（第一部）、《劉老根》（第二部）中扮演馮鄉長，在《鄉村愛情》中扮演李福。

　　二〇〇七年一月二十九日，李正春因血液惡性腫瘤病逝，年僅四十五歲。

# 長白山文藝獎得主——張偉

張偉（1964年- ），生於吉林省梨樹縣靠山鄉揣窪村桑樹崗子屯，一九八四年畢業於白城師專中文系，當過教師、編輯、鄉長、雜誌主編，一九九六年任四平文聯副主席。他一九八六年開始文學創作，在《人民文學》《十月》《萌芽》《青年文學》《作家》《作品》等國內三十餘家刊物上發表文章近二百萬字，有的被選刊選載，有的作品被改編成電視劇，曾獲第十一屆長白山文藝獎、第四屆吉林文學獎。

張偉著有長篇小說《碎石記》（原載《作家》，獲第十一屆長白山文藝獎）、《補石記》（原載《作家》，獲第三屆吉林文學獎）《採石記》《紅燈記》；中短篇小說集《鄉間百事》《九月閒話》《玉米時代》；散文集《北望家園》。發表有電視劇本《老渡口》《老河套》《老船歌》，電視紀錄片《北緯43°——中國黃金玉米帶》等。尤其編劇的電視劇《關東漁王》、電影《阿歐桑》、電視紀錄片《錦屏文書》分別由山東衛視、中央電視台第六套和貴州電視台播出。尤其長篇小說《碎石記》《補石記》《採石記》改編的電視連續劇《藍色鄉村夢》《綠色鄉村夢》《紅色鄉村夢》或已完成製作或已簽約。

▲ 張偉

# 獲「金雞百花」新片獎的編劇——張信

　　張信（1965 年- ），1984 年入伍，先後在一九一師政治部報導組、中央電視台駐瀋陽軍區記者站工作；1989 復員到梨樹縣廣播電台任編輯、記者。1991 年調入縣委宣傳部，歷任科長、副部長；2009 年任梨樹縣人口和計劃生育局局長；2011 年任梨樹縣衛生局局長至今；2013 年任四平市劇協主席、省劇協理事。其主要作品見諸全國各類報刊，其中新聞類作品一二〇〇餘篇，文學作品五十餘篇，影視作品五部，報告文學《有理走遍天下》《死去活來》等九篇分獲國家級一、二等獎。大型電視連續劇《陽光路上》在中央電視台一套節目黃金時段播出，獲中國第二十九屆「飛天獎」提名，電影《巢》獲中國第二十一屆金雞百花獎新片獎。

▲ 張信在創作中

# 當代最具學術價值和市場潛力的畫家——王昌

　　王昌（1961 年- ），吉林省梨樹縣人，先
後畢業於中國山水畫研修院研究生班、中國人
民大學中國畫碩士研究生班，現為中國山水畫
研究院常務理事、同澤書畫院專業畫家。

　　他師承王中年、于志學導師，擅長巨幅山
水和冰雪山水畫。作品先後參加西安全國畫派
作品展、冰雪畫派第四屆、五屆展、藝術之巔
中國畫家精品展、中國氣派——與共和國共同
成長畫家學術邀請展暨高峰論壇等全國大展，
並在英國、俄羅斯、白俄羅斯、新加坡、馬來

▲ 王昌

西亞、韓國、加拿大等國展出，被評為「當代最具學術價值和市場潛力山水畫
家 100 家」之一。其畫作曾在《美術報》《中國書畫報》《文化報》《中國藝術
報》《中國藝術收藏》等專業報刊上發表，並被國際友人、知名公司和企業家
收藏。

▲ 王昌冰雪畫

# 吉林省全民閱讀協會發起人——趙雲良

趙雲良（1967 年-　），生於梨樹縣太平鄉張家村一個普通農民家庭。1983 年初中畢業後考入梨樹師範學校，1987 年到霍家店學校教初中語文，1990 年調入縣教育局，1993 年調入縣委辦。1998 年，調入新華社《吉林內參》做記者，曾擔任《經濟決策參考》和《高管信息》主編。2006 年 4 月辭去公職，到《香港商報》工作；四個月後，與友人創辦《投資貿易參考》。2013 年 1 月，開始創建吉林省全民閱讀協會和《天下書香》雜誌，現供職於吉林省全民閱讀協會，任協會副會長兼秘書長。

他於 1985 年開始接觸文學創作，1987 年初在《關東作家》和《文藝時報》《城市晚報》等報刊發表詩歌和短篇小說。之後，他有小說、詩歌、散文、報告文學等作品發表在《梨樹詩歌》《作品》《南方週末》《作家》《北京文學》等報刊上。其中《一個政務監督員的孤寂之旅》入選春風文藝出版社年度報告文學選和文匯出版社的《現實中國》；《黑暗裡的骨頭》入選遼寧人民出版社《2011 年年度詩歌選》。他著有新聞特寫集《為蒼生》和詩集《去往天空的樹》，其作品多表達對人生和社會的憂思，以及對故土大地的思戀。

▲ 趙雲良

# 榮獲「吉林文學獎」的小說家——孫學軍

孫學軍（1970 年-　），生於吉林省梨樹縣石嶺子公社塔子溝大隊第五生產隊。他自一九九〇年開始文學創作以來，相繼在《詩人》《詩神》《作家》《星星詩刊》《關東作家》《綠風》《青年文學家》《詩歌》《詩刊》《文藝報》《中國藝術報》《人民公安報》《北美楓》等國內外報刊上發表詩歌、評論、隨筆四百餘篇首。其中，組詩

▲ 孫學軍

《季節的回聲》（《詩人》雜誌 1992 年第 3 期）、《平庸時代》（《作家》1993 年第十二期）發表後產生一定影響。有詩作入選《中國詩典》（2008 年）、《最適合中學生閱讀詩歌選》（2009 年）、《東三省詩歌年鑑》（2005 卷）、《最適合中學生珍藏 100 首詩歌》（2013 年）等選本。近年，開始致力於中短篇小說創作，相繼在《啄木鳥》《鴨綠江》《芳草》《作家》《山花》《青年文學》等國內刊物上發表中短篇小說二十餘篇。其中，中篇小說《派出所長》發表後被《小說選刊》選載，中篇小說《刑警隊長》《恍惚》被《中篇小說選刊》轉載，另有多篇小說收入《吉林文學作品年選》。中篇小說《刑警隊長》獲第三屆吉林文學獎，中篇小說《二人轉》獲第十一屆長白山文藝獎提名，中篇小說《社區女民警》獲吉林金盾文學獎、「恆光杯」全國公安文學大賽優秀作品獎。孫學軍是吉林省作協第八屆全委會委員、四平市作家協會副主席、魯迅文學院第二十一屆中青年作家高研班學員，現供職於四平市公安局。

# 中國曲藝「牡丹獎」獲得者——趙海燕

　　趙海燕（1974年-　），女，出生於吉林省，趙本山徒弟，閻光明的搭檔、妻子，國家二級演員。趙海燕高中畢業之後開始學習二人轉。一九九一年她吉林省戲曲學校畢業後在梨樹縣地方戲曲劇團工作，隨後到遼寧發展，在遼寧民間藝術團工作過多年，並加入了本山傳媒。二〇〇〇年以後開始介入小品和影視表演，曾與趙本山合作演出過小品《出名》《有病沒病》《拜年》《送戲》《所長心事》《開機之前》《相親》《相親2》《有錢了》《中獎了》等。二〇〇四年考取遼寧大學本山藝術學院，並在四年後拿到了民間藝術表演專業的本科學歷和文學學士學位，同年留校任教，現為本山藝術學院專職教師，專教二人轉唱腔。

▲ 演出中的趙海燕、閻光明

　　趙海燕曾演過很多齣二人轉經典曲目：《貴客臨門》《愛情加減法》《打擂奪花魁》分別獲得吉林省二人轉匯演一等獎；《梁祝》《新編梁祝》《摔鏡架》分別獲得遼寧省第六屆、第七屆藝術節金獎和全國曲藝「牡丹獎」。

　　她參與拍攝的電視劇有《劉老根2》《馬大帥2》《馬大帥3》《劉老根大舞台》《今日昇堂》《鄉村愛情1》《鄉村愛情2》《鄉村愛情故事》《鄉村愛情交響曲》《鄉村愛情小夜曲》《鄉村愛情變奏曲》《鄉村名流》《關東大先生》《櫻桃紅》等。

# 中國曲藝「牡丹獎」獲得者——趙丹丹

▲ 趙丹丹

趙丹丹（1980 年-　），梨樹縣霍家店村十二社人。二〇〇八年任梨樹縣地方戲曲劇團副團長，二〇一三年任梨樹縣地方戲曲劇團有限責任公司董事長。梨樹縣政協委員，第六屆中國曲藝「牡丹獎」獲得者，中國曲藝家協會會員，吉林省曲藝家協會會員，國家一級演員。

一九九五年考入縣劇團後，她受到專業的系統訓練，比較全面地掌握了二人轉的「四功一絕」（即說、唱、扮、舞、絕）表演技巧，而後又進修了表演、導演本科專業。她嗓子好，模仿能力強，能文能武，音色純正優美，字正腔圓，格調新穎，雅俗共賞，深受觀眾歡迎。

二〇〇二年，她參加吉林省第一屆二人轉、戲劇小品藝術節表演，她表演的單出頭《楊排風》演活了，給評委們留下深刻的印象，一舉奪得藝術節的個人表演一等獎。二〇〇五年她在吉林省第二屆二人轉·戲劇小品藝術節上表演的拉場戲《和氣生財》獲個人表演一等獎。二〇〇七年她參加吉林省第三屆二人轉·戲劇小品藝術節，二人轉《愚公哭山》獲個人表演一等獎並獲二人轉四大名旦提名獎。二〇〇九年她在吉林省第四屆二人轉·戲劇小品藝術節表演的二人轉《香妃夢》榮獲個人表演一等獎，並被譽為「四大名旦」之一，這是吉

林省第四屆二人轉‧戲劇小品藝術節女演員單項最高榮譽，填補了梨樹縣地方戲曲劇團該獎項的空白。二〇一〇年，年僅三十歲的她，事業再踏巔峰，榮獲第六屆全國曲藝大賽「牡丹獎」。

趙丹丹在擔任縣戲曲劇團團長期間，狠抓劇團隊伍建設，年演出近百場，超額完成上級下達的送戲下鄉演出任務。二〇〇九年，梨樹二人轉藝術被省政府批准為吉林省非物質文化遺產保護工程項目之一，該劇團被四平市紀委、監察局定為廉政建設示範點。二〇一〇年八月，中國曲藝家協會成功在梨樹舉辦了東北三省二人轉論壇，梨樹縣地方戲曲劇團演出的二人轉晚會受到了中國曲協分黨組書記、副主席姜昆等領導和專家的稱讚。二〇一〇年，梨樹縣被中國曲協命名為「中國二人轉之鄉」。

▲ 趙丹丹劇照

第四章
——

# 文化景址

梨樹縣現有國家級重點文物保護單位七處，省級重點文物保護單位十二處，市級重點文物保護單位三十四處，縣級重點文物保護單位一九一處，共計二四四處。同時，有眾多文物出土、碑碣傳世，其中不乏有歷史價值、文化價值、考古價值者。

# 偏臉城古城遺址

　　偏臉城古城（現在白山鄉岫岩村區域內）城垣築於西北高、東南低坡度為二十三度的漫崗之上。因城垣依山勢修築，方向不正，地勢不平，故俗稱之為「偏臉城」。偏臉城古城原為遼代九百奚營故地。金初，韓州從柳河縣遷徙於此。金人王寂在遼東路刑獄任職時，曾路過此地，在他的《遼東行部志》中敘述了韓州遷徙的始末：「韓州，聖宗時並三河、榆河二州為韓州。故城在遼水之側，常苦風沙，移遷白塔寨，後為遼水所侵，移遷今柳河縣。又以州非沖涂（途），即徙於舊九百奚營，即今所治也。」文中提到的「故城」，為今科左右旗城五家子古城；白塔寨在今昌圖縣三江口鎮塔子村一帶；柳河縣，即是現在的昌圖縣八面城古城。

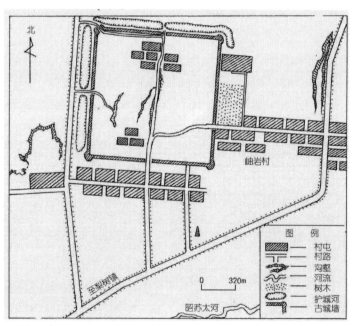

▲ 偏臉城遺址位置示意圖

現今存在的偏臉城古城，是否就是遼代奚營的城鎮呢？從舊韓州的幾座城來看，八面城古城垣周長 2600 米，城五家子古城城垣周長 2785 米，而偏臉城古城城垣長遠遠超過前三者，達 4318 米。遼九百奚營，當時作為一

▲ 偏臉城城牆遺址

個普通營寨，竟有多於州城數倍的面積，這根本是不可能的。

值得注意的是，在偏臉城古城的北門及其西側一百餘米的城牆基部，現在仍可以清楚地看到一層厚達三十釐米的磚礫瓦塊，仿定瓷片、粗白瓷片及鋸斷的人骨等物。北門附近的地表，也有同樣的建築構件、陶瓷器皿的殘片等堆積。此外，在西大溝東側五十米，距北牆一五〇米處的漫崗邊緣，有一個遼代石棺墓群，墓中出土有人骨、鐵匕首、鐵剪及帶有「祥符」年號的北宋銅錢等物。

從上述建築遺址的暴露跡象和石棺墓群的情況來看，其年代要早於古城城垣。因為，城垣內是不可能有同時期的墓地的，這只能是遼代九百奚營及其墓地，其範圍大體在古城內西大溝以東的漫崗上。

遼朝末的大慶四年，金太祖阿骨打起兵反遼。至秋，女真軍連克賓、祥、咸等州。次年，阿骨打稱帝，國號「大金」，並攻拔黃龍府。此間，遼九百奚營，便為女真軍所攻占。

金初，九百奚營並沒有廢棄，稱「合叔勃董」。從古城附近出土的一面刻有「咸平府黑千戶」邊款的雙龍銅鏡來看，這裡設置有「猛安謀克」。「猛安謀克」這時已發展成為軍事與行政相結合的地方統治機構，且獨立於州縣之外，並有自己的城寨。

九百奚營故地，其實是扼宋金來往之要道，是金咸平府（今開原縣城）經信州（今懷德縣秦家屯古城）、濟州黃龍府（今農安縣城），到上京會寧府（今黑龍江阿城縣）的必經之路。宋人許亢宗的《奉使行程錄》、洪皓的《松漠紀聞》、張棣的《金虜圖經》中，都曾提到路過九百奚營。金朝在天會五年，將囚禁在韓州（也有人說是囚禁在昌圖八面城古城）達兩年之久的北宋徽、欽二帝，徙居五國城，可見其地理位置的重要。

當時，韓州的州治之所，位於這條南北交通要道的西側，並非「沖途」，難以適應政治、經濟形勢發展的需要。天德二年，金朝在開設咸平府為總管府的同時，把韓州州治從柳河縣遷到了九百奚營故地，並增設了臨津縣。

從偏臉城古城垣的形制、結構來看，它並不具有舊韓州的幾座古城那種典型的遼金時期軍事城堡特點。城牆上已不見敵棚、馬面之類的防禦設施，城外也沒有巨大的附屬建築群落。這說明，偏臉城古城的城垣極有可能是在韓州州治遷來之際，在原「猛安謀克」城寨的基礎上擴建而成的。遷徙後的韓州，已為金朝的腹地，城郭建築主要是便於經濟交通的發展，軍事則為次。難怪金正隆九年，契丹人括裡領導的僅二〇〇〇人的起義軍，在幾天之內就很容易地攻克了柳河縣城和韓州城。

偏臉古城城垣，為夯土板築而成，周長 4318 米，頂寬 1 米，基寬 12 米，除南牆破壞較嚴重外，其餘三面城牆保存尚好。

城垣東牆長 1078 米，其中距城門西側約 80 米長的一段已毀。北段保存較好，最高處達 6 米。南牆長 1071 米，大部已頹敗不堪，最高處僅 2.5 米，中部已被其中一處自然屯落隔斷。西牆長 1077 米，依山取勢，橫逶於高崗之上，保存完好。其北段長 1092 米，高 7 米。其東段築於平地之上，向西依地勢逐漸升高，牆之東西較高。

從北牆西端豁口兩側斷層中可清晰看出，城垣為黃黏土和黑土分層夯築，夯厚十至十五釐米。古城內現存有當年築城時遺留的石夯一件，為青色花崗岩鑿成，平面略呈長方形，底面略向外凸出。石夯中間為一圓孔上下貫穿，作安

柄之用，孔上端稍斂，可防柄由上面脫出。至今，有的城牆斷面上還保存有相錯疊壓的長方形夯窩痕跡。

古城開有四座城門，門外屏有馬蹄形甕城。東、西城門正當東、西兩端的正中；南、北城門則開在南、北兩牆的偏東部。四門之東、南兩門及其甕城，早已夷為平地。北門豁口寬約 12 米，甕城北部已遭破壞，其東側長 33 米，西側長 47 米，頂寬 1 米，基寬 11 米。甕城門向北開，豁口寬約 10 米。門夯土層中除黑、黃色黏土外，還夾有紅砂土。西門及其甕城保存完好，半徑 31 米，牆高 8 米，現已淤塞，尚可看出門向西開。

古城四隅築有形制相同的角樓。角樓台基平面皆為圓形，高出城牆 1-2 米。其中西北角樓地勢最高，牆高 8.6 米，頂部直徑 8 米。台基上面尚可見到少量磚瓦片堆積，疑是倒塌的角樓殘跡。東北角樓高 7.3 米，台基已遭破壞，現僅存一長 5.3 米、寬 2 米的土台。東南角樓高 5.6 米，頂部直徑 7.5 米。西南角樓保存情況大體與東南角樓相同，其上亦有少量磚瓦殘存。古城西、北兩牆之外，現在可以見到一處寬約 20 米的低窪地帶，其土色較黑，係多年遄風土淤積，即為當年護城河的遺跡。護城河外，有一處高 2 米、寬 8 米的土埂，土埂自北門起始斜向北牆東、西兩端角樓。土埂外是條大溝，係水自然沖刷而成。每逢春夏之交，山洪驟發，遇到護城河外的土埂後，只能流入大溝，從古城東西南側繞過，直瀉城南的昭蘇太河。古城的低窪處即可免遭水灌。從這裡可以看出，古城護城河的設計是頗具匠心的。

在城南門址西 200 米處牆基下，曾出土一塊長方形花崗岩石條，

▲ 偏臉城角樓遺址

其上鑿有五個等距圓槽，槽內尚存殘鐵。從其形制看，當是古城牆下排水涵洞的鐵柵欄外框。石條出土的地方，城牆略向外弧，地勢較窪，且正對著城內西大溝。當年城內的積水，就是從這個涵洞中傾瀉出去，順著南牆外的排水溝流走的。遺憾的是，東、南兩牆外的護城河和排水溝，現已無跡可尋了。

登上西北角樓台基，俯瞰城內，但見一條起伏不平、西北至東南走向的漫崗橫貫全城。漫崗上，兩條南北走向的大溝，將其分為三段。西大溝位於西牆東側三百米處，溝長五二〇米，深三至五米，最深達十米；東大溝距西大溝一八〇米，溝長四一〇米，深與西大溝相仿。古城內的南北走向的大道，就是通過東大溝貫穿南北二門的。西大溝內也有南北走向道路，其北段折向西北，直穿北牆西端豁口。城內另有一條道始於東門，向南迂迴，繞過崗埠，進而與通往白山鄉的鄉道相接。

古城內早已墾為耕地，但地表古代遺物隨處可見，古建築遺址星羅棋布，特別是大溝兩側，灰層堆積厚達三至四米。紅色的燒土、大塊的煉渣、焦黑的木炭、殘磚碎瓦、陶瓷殘片參差疊壓，夾在其間。這厚厚的文化堆積層，反映了古城漫長的歷史和昔日的繁華。

西大溝北端和東大溝中段兩側，為橫貫古城漫崗的最高處。在這四百米見方的高地上，不僅錯落有致地分布著當年建築物的基礎，還散落著大量的建築構件、陶瓷器皿殘片、銅鐵製品和勞動工具殘部等遺物。那形制方大的青磚，怒目張口的鴟吻，造型生動的獸面瓦當，圖案多變的溝滴折沿，溢光流彩的琉璃瓦片，規整厚重的花岩礎石，都在向人們表明，當年城內既建有飛簷凌空、鴟吻臥脊的殿堂式建築群落，也建有一排排布局嚴謹、錯落有致的街市、作坊。那些陶瓷器皿殘片、紅燒土塊、煉渣等，反映了當時城內居民的生活和手工業的發展狀況。而那些精美的刻有漢字的象棋子、印章、骰子等物，則是當時南北經濟文化交往頻繁，中原文化對東北邊疆有明顯影響的有力見證。

偏臉城古城遺址出土過很多有研究價值的遺物，尤其是珍貴的金銀器物。

東大溝北端五十米一段，當地居民俗稱為「金場」，曾出土有金葉、金蜻

蜓、金絲花等許多造型細膩、工藝精湛的金製品及散金碎銀。當年這裡很可能是一處如同金上京城內「翟家記」「邢家記」那樣的金銀匠鋪作坊。

金場以東的漫崗上，除了堆積著大量的黃釉和綠釉琉璃瓦外，還出土了許多銅像、銅魚、銅人、銅風鈴等。據推測，這裡似為當年城內一座佛教寺院遺址。佛教早在北宋、遼時期就已在東北盛行，金代更盛。

在西大溝東側的高地北緣，也有一處堆積著琉璃瓦、青磚碎塊和花崗岩基石的建築遺址。這裡曾出土一殘留的雕花石板，青灰色花崗岩質，長方形。石板正面浮雕，是一幅外繞卷雲紋的太極圖案。「太極」為道教標誌，史料記載，「金國崇重道教，與釋教同。」這裡似為一處道觀遺址。

偏臉城古城內除了俯拾即是的建築構件、陶瓷器皿殘片等遺物外，近年來也出土了許多具有珍貴歷史價值和藝術價值的完整器物，主要有：

提梁瓜楞瓷壺：器身呈橢圓形瓜棱狀，內斂盤形口，圈足。器腹中部有一圓形短流，高度在壺口以下，瓷壺有一環形提梁，提梁自中間可分作前後兩部分，後半部遍飾菱形網格紋，前半部分作「人」形，接於流的上方左右兩側。連接器身處各飾有一葉狀物，器身施乳白釉。

黑釉玉壺春瓶：缸胎、小口微侈、尖唇、細長頸、球形腹、圈足。器身施黑色釉，釉不到底，釉質烏黑發亮。

貓首壎：做工精美。壎，中原古代的一種陶製吹奏樂器。此壎為缸胎，赭色釉，釉不到底。以兩條黑色繩索紋貓眉，以兩圓孔為貓眼，並以此為音孔。腦後有一直徑一點一釐米的吹孔，貓首內中空，如雞卵大小。左耳殘缺。

陶硯：細泥質灰陶，手製。硯呈扁平長方狀，其上有橢圓形墨池，墨池一端陽刻有貓狀圖案。長十六釐米，寬十釐米，厚三釐米。

雙鯉銅鏡：圓形、銅質、鑄造。鏡面平整，鏡背緣上以楷書陰刻有「閏□□」三字鏡銘。鏡緣內以淺浮雕技法，鑄出兩條頭尾相抵的鯉魚嬉戲於水中。鯉魚張口擺尾，線條流暢，造型逼真。激灩的水波、鰭鱗的紋線，都雕刻得十分精細。鏡背正中有一龜狀鈕，直徑十七點三釐米。

有柄人物銅鏡：鏡身呈圓形，鏡柄呈上寬下窄的梯形，鏡面平整。鏡背緣內有一浮雕圖案：樹下一仕女，高髻廣袖，長裙博帶，面部豐滿，體態雍容，右手執一方扇，作側身回眸狀；仕女身後為一半臥小獸，旁有一男童做與獸玩耍狀；樹上方，一仙鶴展翅飛翔於流雲之間。鏡柄上亦鑄有臥獸流雲。柄緣上刻有「山東口」三字銘。直徑八點二釐米，柄長六點七釐米。

銅風鈴：黃銅質，範鑄。鈴體橫剖面呈方形。四邊口緣各有一形狀相同的亞腰葫蘆狀花飾。鈴體撞擺已失落，鈴頂端為一環形鐵鈴鈕，高八點五釐米。

銅像：黃銅質，頭戴圓冠，身著廣衫，足蹬履，腳踏方形須彌座，雙手捧缽於胸前。背有鈕，造型古樸渾然。

銅棋子：黃銅質，範鑄，共四枚。其中「車」一枚，直徑二點七釐米，正面鑄有陰文隸書「車」字；「馬」二枚，圓形，直徑二點四釐米，正面鑄有陰文隸書「馬」字，背面鑄有鬃髮飄拂的奔馬；「炮」一枚，圓形，直徑二點四釐米，兩面均鑄有相同的陰文隸書「炮」字。

金飾件：共五枚。小金魚，黃金鑄造。正面用立體技法表現為張口、凸目、鼓腮、分鰭、三叉尾，腮尾間背鰭部表現出鱗片，下以空白表現鮭魚腹，中部有「別」痕，重一點七克；金蜻蜓，黃金鑄造，正面生動地表現出蜻蜓展翅飛翔形象，其頭、翅、腹、尾及兩條後腿，鑄工極為精細，且以誇張技法將其眼、鬚表現出來，背面無飾，空腹，重○點四克；金蝴蝶，黃金鑄造，造型與金蜻蜓相似，僅翅膀與身體比例略大於金蜻蜓，重○點二克；金葉，黃金鑄造，在一枝蔓上按品字形排列三枚花葉，花葉前端分作三尖狀，花葉脈絡清晰，製作精巧，其薄如紙，重○點五克；金絲花，黃金鑄造，以索狀金絲編成，已殘，殘部中間呈環狀，以環為中心分出捲曲花瓣，金絲上索狀紋工整細膩，工藝精細，重○點一八克。

骨牌：骨質，手工磨製。色呈淺黃，為扁平長方體。正面陰刻有「五三」字樣。骨牌表面光滑，長三點五釐米，寬一釐米，厚○點三釐米。

玉雙魚：石質，褐色，手工雕琢。雙魚並聯，尾彎曲作擺動狀。刻劃細膩

清晰，兩魚間雕出一圈凹槽，魚脊至腹有一透孔供佩帶用。其長四釐米，寬一點五釐米，高一點八釐米。

這些品種繁多的出土文物，不僅為研究古城的歷史提供了極其重要的實物資料，也展示了遼金時期東北域內的政治、經濟、文化生活和手工業發展的概況。

另從偏臉城古城出土的遺物來看，其絕大多數屬於金代，如陶瓷器皿中的黑釉、赭釉的斂口、圓唇、鼓腹、平底的缸胎大甕，黑釉雙繫缸胎瓷壺及齒白釉鐵花大瓷碗等，均有施釉不到底的特徵。這些陶瓷器皿與城內出土的鐵製農具，如錨頭、鐵鏵、馬蹬及腳踏蓮花底座的銅像等，都與肇東八里城所出器物形制和製法相同。古城內出土的貓首壎，雖與肇東八里城的豬首壎不同，但二者造型風格一致。而那面雙鯉魚銅鏡，則與永吉縣出土的金代同類物相似。

《金史·太宗記》中記載；「天會五年（1127年）四月，金人俘宋徽欽二帝自燕徙居中京。天會六年（1128年）七月，以宋二庶人赴上京，入見乾元殿。封其父昏德公，子重昏侯。十月，徙昏德公、重昏侯於韓州。天會八年（1130年）七月，徙昏德公、重昏侯於鶻里改路。天會十三年（1135年）四月，昏德公薨。」韓州處在交通要道，趙佶、趙恆連同被俘的幾千餘眾，在押赴上京途中，一定會經過這裡，並且在此停留過。二帝到金之上京不久，

▲ 出土於偏臉城的白釉壺

▲ 出土於偏臉城的銅風鈴

▲ 出土於偏臉城的銅官印

▲ 偏臉城重點文物保護單位標誌碑

被遷徙韓州，在這裡幽囚達兩年之久（也有人說，徽欽是幽囚在昌圖縣八面城的韓州古城）。但趙佶、趙恆路經梨樹的偏臉城，並且在此停留過是肯定的。

蒙古貴族揮兵攻金伐宋時，「志在擄掠，得城旋棄」，大軍所到之處，往往是殺掠焚燒一空。東北許多渤海、遼、金時期築起的屯寨城邑，在這場浩劫中被摧毀，韓州城當然也未能倖免。

韓州城雖已毀於兵燹，但元代時，韓州屬於遼陽行省咸平散府所轄，地處咸平散府通往開元路千戶所（今農安縣城）的驛道上，元朝在這裡設有韓州站，承擔著轉運貢品、迎送官差和押送流放人犯和糧草的重任。與此同時，由於蒙古貴族對新占領區採取的「悉空其人，以為牧場」的政策，韓州治下遼金兩代開墾的萬頃良田，也同韓州城一樣，逐漸荒蕪，淪為蒙古貴族的游牧之地了。

二〇〇六年五月二十五日，經國務院批准，偏臉城被列為全國重點文物保護單位。

# 二龍湖古城遺址

二龍湖古城遺址，位於吉林省梨樹縣石嶺鎮二龍山村北崴子屯南一點五公里，二龍湖水庫西岸一條南北走向山的崗北東坡上。地理坐標，東經為124°45´，北緯43°10´，該遺址於一九八三年文物普查中發現。

一九八七年，在城內東北角做了小面積搶救發掘。根據出土遺物的組合及特徵，考古調查報告中，對該城的年代、性質、意義做了論述，確定其為戰國時期燕國的古城。

二○○一年，經國務院批准，該古城被列入第五批全國重點文物保護單位。

二○○二年夏，經國家文物局批准，自七月二十日至十月二十日，歷時三個月，對該城進行了大規模主動發掘。此次發掘的地點，先在城內東南角，這裡地層堆積較厚，層位較易劃分，遺跡之間疊壓打破關係簡單，出土遺物文化特徵明顯。在三二○○平方米範圍之內，先後發現圓角方形或圓長方形淺穴式房址十六座，其中被現代窖穴破壞二座，清理十四座。其主要特徵是高高突起的長方形灶台於房內一側，附近均有一個折肩甕。柱洞分布於房內四周，較大的長方形房址內有二根間柱，並以平整的石板做柱礎。

發掘時，最先發掘的遺跡是長方形灶台，其上通常有三個紅燒土圈，其前二個為釜孔，後一個為煙道孔。有些灶台以廢棄的陶釜為灶門，以平整的頁岩

▼ 二龍湖

板鋪砌灶台，以陶管做煙囪。此種有釜孔的長方形灶台，其形制與遼陽漢墓出土的陶灶相似。另外，內戈式鐵鐮形制，與河北省興隆戰國礦遺址出土的雙鐮范相同。其中一件有銘文「右止」二字。

此次發掘，面積為三四八〇平方米，出土石器、銅器、陶器、玉器、玻璃器等各類遺物八百多件。其中燕國的刀幣、饕餮紋銅帶鉤、琵琶形銅帶鉤、三翼鋬銅鏃、三棱鐵鋌銅鏃、長方形鋬孔鐵鐝、內戈式鐵鐮、半月形鐵掐刀、方鋬鐵鎬、雲紋瓦當、弦紋瓦當、繩紋板瓦、筒瓦及圜底釜，折肩甕、長孔甑、折腹缽、柱把豆、梭形網墜、蒜頭形紡輪等器物，均為戰國至漢的典型器物，為判定古城的使用年代提供了可靠的實物資料。

二龍湖出土的饕餮紋銅帶鉤，與二里崗燒溝相同，卷雲紋半瓦當和弦紋瓦當，與鐵嶺市邱檯子戰國至漢初遺址出土的瓦當相似；出土四十三枚三翼有鋬銅鏃，是我國東北及北方地區春秋戰國時期廣為流行的一種銅鏃形式。這些遺跡和遺物，具有準確的出土地點和可靠的層位關係，足以證明二龍湖古城為戰國中晚期至漢初遺存，證明燕文化的分布範圍已達到這一地區。

古城平面近方形，周長八五〇米，方向南偏西三十度。夯土城垣，牆基寬十八米，殘高二至四米，南牆偏西三米有一錯口形甕門。城內地勢西高東低，中部正對著城門，有一夯土台基保存尚好。

出土的磨製石斧、石楔、石刀、石紡輪，夾砂紅褐陶鼓腹罐，飾戳點紋的長把豆，單耳壺和鬲足，橫橋耳等遺物，其形制和做法，都與第四層遺物截然不同。在古城東牆中部城內排水孔道北側城牆之下，疊壓一座圓形淺穴式房址，瓢形灶址位於房址正中，居住面踐踏平坦堅實。出土石刀、石斧和紅褐色夾砂陶片。這種土著文化遺存於古城牆之下，說明它略早於古城牆或者與古城牆同時代，也說明燕文化與當地土著文化在此地長期共存，只是燕文化在此占統治地位。

據當地居民介紹，二龍湖古城東南五公里處有東嶺屯出土繩紋陶片；十公里處王家溝出土繩紋陶片；三十公里處華太屯有小古城，出土繩紋陶片；七點

五公里處高檯子屯出土繩紋陶片。

　　另外，在二龍湖古城周邊，有眾多古遺址、古城址出土過繩紋陶片和鐵，當與古城的存在不無關係。中國社會科學院考古研究所所長劉慶祝認為，二龍湖古城可能是一座縣城。這一發現，較之以往的研究，燕國的北部疆域向北推進了一個緯度（一百多公里），把中原政權對東北腹地的開發，推前到了西元前三世紀。

# 梨樹柳條新邊遺跡

　　清朝滿洲貴族興起於東北，視長白山黑龍江地區為「龍興重地」。為此，修築柳條邊作為維護邊外清朝「發祥地」的禁區界限。康熙九年（1670 年），寧古塔將軍開始主持修築柳條邊牆，南從開原縣威遠堡邊門起，北到法特東亮子山止，由法特哈邊門再往北達松花江為斷，設有伊通河、赫爾蘇、布爾庫巴彥軍、巴彥鄂佛羅四大邊門，全長六九〇多華里。松花江以東為滿族，以西為蒙古族居住地，一六八一年竣工。這就是東北地區的「新邊」。其經梨樹縣內東南地帶部分的柳條邊，已成為本縣治內清代歷史遺跡。

　　本縣治內柳條邊西南──東北走向。西端自山門北八華裡塔子溝腰窩堡屯南一點五公里處，向北偏東延伸，有四梅鐵路及公路通過，故此段邊壕遺跡毀壞嚴重，辨認不清。再向北一點五公里，越條子河支流，此段壕深不足一米，寬二米許。從姜家崗子至南河夾信子一帶地處丘陵，尚可辨認柳條邊走向。再向北約五公里，通過三家子放牛溝、仙馬泉，遺跡斷續不清。再向北三點五公里越後家子與鮑家屯之間，邊壕保存較好，深一米多，寬二米多。再向偏東

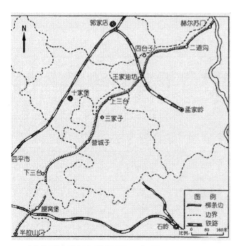

▲ 柳條邊新邊遺跡位置示意圖

四點五公里達上三台，邊壕遺跡保存較好，深寬各二米多。再向北偏東延伸二點五公里，達後窯溝、侯家屯，此段地廣人稀，遺跡保存亦較好。再向北經東太陽溝、大頂子山、曹家屯，可達四檯子，此段遺跡也較明顯，四檯子林場門前的大溝就是原來的邊壕。其下為邊沿子、大水口、拉腰子屯，邊壕既寬又深，每當雨季遂成排水溝。再東行五公里，通過楊樹

▲ 布爾圖庫邊門遺址

甸子屯西，便是赫爾蘇邊門舊址。再東行百米即達東遼河，柳條邊隔河入懷德縣。本縣治內柳條邊長達三十五公里，其間經三個鄉鎮、七個村屯。

　　清朝統治者為了嚴格控制邊裡邊外界限，沿柳條邊設有邊門，本縣境內僅有赫爾蘇邊門，也稱克爾素邊門。此門在孟家嶺的大溝，設於狹隘之山間，僅可容大車一輛，為監視人物出入之所，乃通往吉林、伊通必由之路。赫爾蘇邊門曾置有門樓一座，以青磚、石料、木材、灰魚鱗瓦構築而成，門樓東西長六米，南北寬五米，高六米。其門洞寬高各二米，懸掛豎匾一塊，即「克爾素邊門」，邊署「吉林所屬」四個字。門洞兩側置耳房，一邊做囚室，一邊住巡差。門樓南北向的路旁設有御衙門、滿漢八旗兵營和庫房等。設有防禦、筆帖式、領催各一名，滿漢兵丁二十名，以資震懾。筆帖式登記檔案，領催專司應付，兵丁掌管邊門啟閉，稽查行人出入。經過邊門的車馬要納稅，出邊二百文，進邊四百文，不走邊門，謂之「犯邊」，以罪論處。

　　柳條邊除設有「邊門」外，還設有許多「邊台」，台設於兩門間，台丁補籬浚壕、司採山梨。如今三家子的上三台，孟家嶺的四檯子就是沿用台名。

　　隨著清王朝的數年「馳禁」，柳條邊於道光二十年（1840年）後徹底廢弛，又經日俄戰爭的破壞，邊上的一些柳樹被砍伐殆盡，赫爾蘇邊門歲久失修，磚瓦自行脫落，於一九五八年拆除。

　　二〇一三年五月，經國務院批准該遺址被列為全國重點文物保護單位。

# 友誼村的遼墓群

　　該墓群位於梨樹縣白山鄉友誼村至鄭家村一條東西走向的漫崗上，東西長四點三公里，南北寬二點五公里，現查明有磚室十餘座。在鄭家村胡家屯（偏臉城北約二點五公里處），有兩座磚墓在一九九五年被盜掘。這兩座遼墓的墓道修築不甚規整，南壁多呈斜面，而北側平直。內中近底部填的土似經夯實，十分堅硬，上部皆為鬆軟的五花土。墓道與墓門銜接處，高三點一米。在墓道裡口與墓門之間約一米處，發現一磚砌祭壇，略呈橢圓形，直徑〇點九米到一點一米，由十多塊長方磚分上下兩層砌成。有零散磚塊、燒土、木炭和經火燒過的牛羊等動物骨骼殘段，這表明埋葬墓主時，似在此曾舉行過祭祀活動。

　　墓門呈圓拱形，其券頂由二十一塊長方磚拱券砌成，高一點二七米，寬〇點八四米，券門上無建築，在其兩側各分築一堵牆，從北垛牆形制觀察，該牆

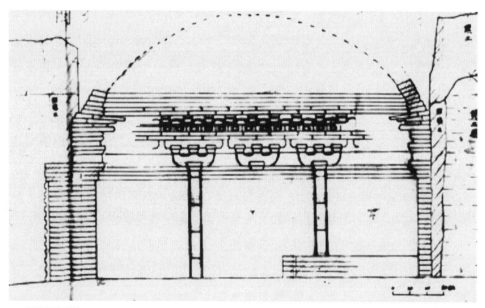

▲ 門洞平面圖

是沿門北壁向外（北）拓展，貼地表以長方形向上平砌十二層，構成一牆高一點〇五米、其上面寬〇點四十米的平整方台；南垛牆與北垛牆形相同，其方台邊長較北垛牆長七釐米。兩垛牆與券門頂形成兩頭平中間高的「凸」形台，其上凸凹不平，有白灰殘跡。兩垛牆連接券門的部分，築造十分粗糙，灰面大多無存，露出參差不齊的毛茬。另在券門與兩垛牆上方，殘存有單磚砌就的七層不甚規整的翼牆，其後，即為漸次內收的穹隆墓頂，現存八層磚。

門洞以磚封堵，分內外二排（僅存三層），封門磚是貼地面先平鋪一層，其上三層以縱臥式排列；貼墓門外側橫鋪一行青磚，突出墓門〇點一六米。墓門後接平面略呈方形的甬道，與墓門等寬、同高，長〇點二七米。沿兩側壁底部砌至一點一〇米處開始漸次內收，呈拱券頂；兩壁、券頂、地面均抹有白灰，灰面光潔平整。另在甬道與墓室連接處發現牛的頭骨、下顎和腿殘段。

甬道後接墓室，墓室平面作八角形，頂部已全部坍塌。墓室南北長三點八〇米，東西寬三點九〇米，殘高二點一二米，室壁係由十九層橫磚錯縫平砌而成，壁面殘留白灰痕跡。在相鄰兩壁連接處（各角）置由三至四塊斷面呈多邊條狀磚雕豎砌的倚柱，白灰勾縫，倚柱與室壁平齊，高一點一七米。沿室壁相鄰二倚柱上方為磚雕、彩繪仿木結構的外簷形式建築。以兩壁為例，突出壁面約二釐米的闌額，其兩端與倚柱相接。闌額上置與室壁同一平面，且為二層橫磚平砌的普柏枋。倚柱上置是由兩塊雕磚疊砌的櫨斗，高十釐米，突出闌額二釐米；在兩倚柱之間、普柏枋正中，砌一形制與櫨斗類同的散斗。兩櫨斗與散門上置由二層雕磚平砌而成的壓斗枋，突出壁面二釐米，拱上所托散斗，皆由兩塊磚疊砌而成。

墓室底墁長方磚，採取一橫一縱的方式鋪築，東西十行，共計一〇八塊，磚縫間乃至整個地面均以白灰勾抹。貼墓室西部砌磚築棺床，平面略呈梯形，長二點六米，寬一點〇九至一點六六米，高〇點二五米。以四層長方磚起墻，床壁採用一橫二順方式修砌；床面則為一順一橫平鋪，內填黃細砂夾雜少量五花土，似經夯實，甚堅硬，棺床壁面抹有一釐米膠泥，再抹二至三毫米白

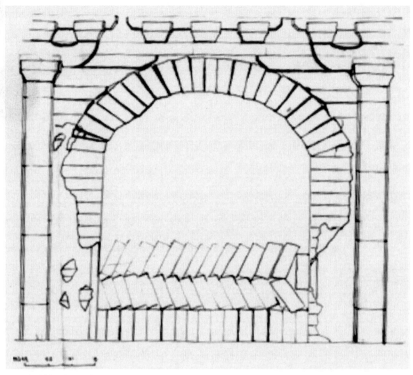

▲ 拱形墓門平面圖

灰。

　　二號墓位於一號墓南約八米處，亦係磚築單室，規模較小。清理時，僅存墓室四壁和部分門壁。墓壁殘存距地表〇點六米，係山墓道。墓道呈斜坡式，殘長三點五米、寬一點二二米，內填五花土和細砂土。墓門已無券頂，進深〇點七米，寬〇點九米，殘高一點三米。墓室平面呈長方形，東西長二點三米，南北寬一點九五米，殘高一點二五米。墓室四壁除西南被破壞，其餘部分保存較好，係由單磚平砌，縫隙間以一至二毫米黏合土勾抹。在墓室西北隅上方，殘存砌築墓頂的磚塊，共四層，最下層抹角橫搭在西、北兩壁之上，其餘三層則交錯疊壓漸次內收，構成棺床，另外墓門亦有仿木磚雕建築，因已破壞殆盡，形制結構不詳。

值得注意的是一號墓中的建築彩繪壁畫。清理時發現，一號墓除仿木建築物件，如斗、柱、枋、瓦、簷等，依據各個不同的部位和形狀以磚雕飾外，墓壁、棺床和地面皆用長三二點五釐米、寬一六釐米、厚五釐米的青磚鋪砌，表施白灰，餘痕尚在。從甬道內口上方脫落灰面觀察，整個墓室壁面製作的程序是：先在磚砌牆上抹層拌有穀糠、草秣和厚約一釐米的膠泥，凹隙處填充細小瓦片，以求牆面平整，上抹厚約二釐米的白灰之後，再在光潔灰面上彩繪壁畫。

繪於室壁上方的磚雕仿木建築外簷彩繪，顏色雖僅有紅、白、黑三種，但由於高懸室壁，加之色調間鮮明的反差，顯得格外豔麗醒目。以柱頭鋪為例，其著彩配置是：闌額著紅色，普柏枋為白色，倚柱及上承櫨施紅色散斗，一斗三升，簷橑均塗紅色；斗供上的泥道慢拱，以墨線勾勒輪廓，內填白色；板瓦、筒瓦及屋脊卻皆施白色。

據反映，整個室壁乃至穹隆藻井，均繪有彩色壁畫，但由於墓頂已不存在，塗於墓室周壁灰面幾乎脫落殘盡，所繪壁畫的題材和內容難窺原貌。所幸在清理墓室時，發現尚有兩處殘存部分壁畫痕跡，一處是在東北壁，另一處位於南壁。分別繪於甬道內口南北兩側，且均置於每面室壁兩倚柱之間，殘存面積分別是〇點四五平方米和〇點六平方米，其畫法和內容基本相同。採取畫法皆為黑線傅彩的國畫手法，即先以纖細的黑線勾勒邊廓，然後平塗著色，所用顏色有紅白黑灰四種，所繪題材和內容均係宋遼時期壁畫式雕墓。

現以保存較好的東北壁壁畫為例略加說明。該壁畫所繪櫺窗在兩雕磚倚柱之間，距南北倚柱各約六釐米。畫面大多脫落，依稀可辨部分壁畫殘跡；櫺窗上部的窗額上串已不復存在，緊貼南倚柱繪條黑色直寬帶，影作櫺窗柱子，長五十三釐米，寬一釐米，黑柱底（腳）與另一條長十五釐米、寬七釐米影作黑寬帶櫺窗下串相接，構成櫺空外框。黑柱內側有條長五十釐米、寬七釐米影作窗之立頰，其內繪一寬僅二釐米紅帶，當示櫺窗子棖。子棖以每隔三點五釐米就繪有寬五釐米、豎直紅色破子窗櫺，共六根；有的櫺格雖已大多間斷，但部

分紅彩尚存，欞格上下對應，且又聯貫，由此不難窺見影作破子欞窗原貌。另在該破子欞窗下部，即東北壁接近地表上方之處，發現有以灰、紅、白三色相間的橫長寬帶，由下而上，最下一條係青灰色，殘長〇點六釐米，寬一三點五釐米；中間一條為紅與青灰橫帶等寬，殘長一〇三釐米；最上一條施白色，殘長約一百釐米，寬八釐米。這三條橫帶繪於欞窗之下，示意以不同材料構築的框架或牆壁。

東南壁壁畫，其題材和畫法與東北壁大體一樣，值得一提的是，在臨近棺床的西北壁下，有從該室脫落的壁畫殘片，上繪四條殘長二十五釐米，寬五釐米紅色豎條窗欞紋樣，帶有此種紋樣的畫面，在墓內其他地方也有發現，一直沒發現其他紋飾。

友誼村遼墓群暨這兩座遼墓，在吉林省遼金考古中占有重要地位。特別是一號墓，不僅豐富了我省現存遼墓的類型和內涵，而且填補了我省迄今尚未發現雕磚壁畫的空白，有較高的文物和學術價值。

二〇一三年五月，該遺址經國務院批準被列為全國重點文物保護單位。

# 葉赫古城

　　葉赫古城位於梨樹縣葉赫滿族鎮，是明代海西女真扈倫四部之一的葉赫部的都城。東城地處葉赫村河西屯西南五百米寇河東岸的台地上，城址保存完好。城牆為依台地沿形勢修築而成，呈橢圓形，由土石混築，城牆周長九百米，有西、東北兩處門址。城內有兩處高出地面的土台（建築址），當地人稱其為「點將台」。城內曾出土過陶器殘片，明代瓷器和建築構件八角形基石等器物。西城地處距東城二公里寇河西岸的高山上，也是依自然山勢修築，分內城和外城，內城保存完好。城郭略呈橢圓形，周長八五〇米，有門址三處。城內有大量的陶片、器耳、口沿、器足等各類器物，並在西北牆外集中出土六個石臼，皆為花崗岩質地。葉赫東、西二城，是葉赫部活動在梨樹縣的歷史見證，也是保存不多的女真族後期古城之一，它對於研究葉赫部和女真族的歷史，有重要的價值。

　　二〇〇六年五月二十五日，國務院批准葉赫古城為第六批全國重點文物保護單位。

▲ 葉赫古城遺址

# 小城子長山遺址

　　小城子長山遺址是東遼河沿岸文化內涵豐富、保存完好的一處新石器時代、青銅時代、遼金時代共存的重要遺址。遺址位於梨樹縣小城子鎮（原河山鄉）長山村陳家屯的長山上。所謂長山，又稱敖包山，即略呈「丁」字形狹長的漫崗。漫崗最高處約高出地表十米，東西長約二百米，南北寬約四百米，崗上比較平展。北距東遼河約一點五公里，東距河山鄉政府約十公里。遺址西北坡為原始文化遺址，東南部為遼金文化遺址。

　　長山遺址出土的主要器物，有壓印「之」字紋陶片、錐刺紋陶片、刻劃魚刺紋陶片、指甲紋、刻劃網狀紋、壓印繩、圓點紋陶片等；陶器的口沿；磨製的石鏃、琢製石鏃、磨製石磨棒；石刀、鬲足、陶器耳及一些不明為何物的陶器。

　　長山遺址的地勢，北高南低，四周為平坦的耕地，北距東遼河一公里。漫崗上到處可見少量的夾粗砂、夾砂紅陶或褐陶片。在西北下坡的東西長五十米、南北寬三十米處，西下坡南北長七十米、東西寬二十米處，早期遺物尤為集中。

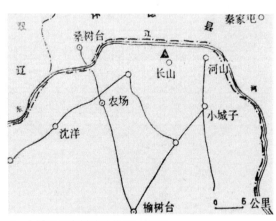

▲ 小城子長山村遺址位置示意圖

　　在早期遺物中，以壓印和刻劃紋飾陶片為代表，多為夾細沙的褐陶、黃褐陶、紅陶，少數為屬合貝殼的灰白、黃褐陶等。火候不高，器胎較薄，皆手製。從紋飾看，一類為弧線紋，有細線條刻劃弧線紋，按壓弧線紋；二類為按壓弧線紋飾的

圖案，有弧線紋與指甲紋、細弦紋與弧線紋組成的圖案；三類為刻劃或按壓紋的圖案，有刻劃的「之」字紋、刻劃弦紋、刻劃紋與篦點紋、按壓直線紋與斜線紋、直線紋與折曲紋組成的圖案，四類為戳印紋圖案，有按壓長條篦點紋，近三角形錐刺紋圖案，五類為繩紋，僅一件，為泥質陶，上飾直、斜線凹紋圖案。

另一大類是以素面陶為代表，多為夾沙紅、褐陶，極少為泥質淺黃陶，皆為手製，火候較高，多為圓唇、直口、長頸器皿。還有斂口圓唇器，似罐器，器耳有橋狀、瘤狀兩種。器底為平底，近底部內凹。鬲足一件，圓錐狀高尖足。還有一件兩端各如乳凸、中如圓盤狀器物，用途不明。

石器亦有兩大類。第一大類是琢壓而成的細石器。數量很少。其中石鏃一件，略呈等腰三角形，邊琢壓痕明顯，乳白色，長二點八釐米、寬一點三釐米；刮削器一件，近圓形，中厚邊薄，琢壓痕跡明顯，黑曜石製，直徑三釐米、厚〇四釐米；石核二件，呈鉛筆頭狀，一面有壓剝長條石片痕跡，殘長二點九釐米、寬二點二釐米、厚一點一釐米，亦黑曜石質。

第二大類為磨製石器。有石鏃兩件，其一通體磨製，呈桃葉狀，器身扁平，通長三釐米、寬二點五釐米、厚〇點一釐米；殘磨棒一件，頂端渾圓，一面圓鼓，一面較平；殘石刀一件，一面較平，另一面為斜刃，背部磨光。石矛一件，殘斷，器身磨光，一側打成銳鋒。另有殘石器二件：一件前端渾圓有磨痕；一件前端平齊，磨痕亦明顯，皆似研磨器。

上述第一類陶器中的弧線紋和以弧線紋為主題的紋飾，與遼寧紅山文化中的弧線紋紋飾相似，特別與瀋陽新樂遺址中弧線紋飾極為相似。之字形劃紋與新樂下層陶片紋飾相似。而直線或者斜線紋組成的劃紋圖案，在吉林市二道嶺子遺址中曾有發現。在二十世紀九〇年代，吉林省考古研究所、四平市文物管理辦公室對遺址進行了小面積的試掘工作，重要的發現是一殘體泥質「紅頂缽」，與遼寧紅山文化的「紅頂缽」相似。因此，因弧紋線陶片往往與細石器共存於長山遺址中，故可認定屬於新石器時代早期的遺存，年代應在六〇〇〇

年之前或更早些。

　　上述的素面陶，從陶質、火候、製法看，都與西團山文化基本相同。其中的橋狀器耳、瘤狀器耳及圓唇直口長頸器，很明顯與西團山同類型器有別，火候稍高，而鬲足雖與西團山相似，卻顯得粗些，火候亦稍高。長山的磨製石器中較完整的桃葉狀石鏃在相鄰文化中不多見，而剖面呈六邊形的窄順狀石器，相當西團山文化中晚期，即春秋至秦漢之際。

# 潘家屯小城子古城址

　　潘家屯小城子古城位於梨樹縣榆樹台鎮西南 1.5 公里潘家屯村小城子屯，古城平面大體呈正方形，方向南偏 45°，面積為 66890.27 平方米，長度 1417.65 米。整個城址坐落在昭蘇太河流域的沖積平原上，城中全部被村民宅地所覆蓋，東城牆已不見蹤跡，只有西南角標誌牌處和西北角的城垣殘隅上面可清晰看出，略高於地表 1.5 米左右，城牆由黑黃兩種土質分層夯築而成。古城西南 500 米處有一條小河自東北流入西南注入昭蘇太河。古城遺址地表遺物甚少，只在西城牆外耕地處有少量陶瓷器皿殘片及殘磚碎瓦等。據記載，董家窩堡村潘家屯小城子古城四隅築有角樓，有馬面，外繞護城河，為一座遼金時期古城，是屏護韓州西北方的重要軍事戍堡之一。古城已被吉林省政府公布為省級文物保護單位。

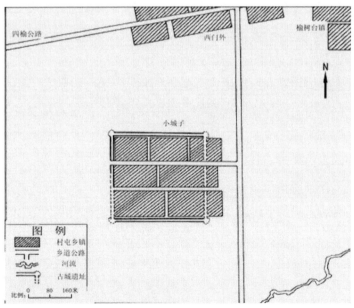

▲ 潘家屯小城子古城址位置示意圖

# 孟家嶺四楞格子山遺址

　　四楞格子山遺址是梨樹縣境內重要的青銅時代遺址之一。遺址位於孟家嶺大河沿屯與胡秀屯之間的山坳中，三面環山，因南山坳中有一處西北高、東南低的四級人工台地，故名四楞格子山。遺址東瀕遼河，宜農耕漁獵，是古人生息的好地方。山坳中四級台地修造平整，總面積近四〇〇〇平方米。遺址地表散布著極為豐富的青銅時代和遼金時代的文化遺物。

　　青銅時代遺物主要暴露在南山坳第一台地斷層處和北山坳的漫崗上，其餘台地亦有少量分布。遺物有陶器殘片、器耳、器足和少量石器。陶器皆為手製夾沙陶，陶色多為淺紅、紅褐色，少數為淺黃色。火候較高，少有紋飾。可辨器形者有陶豆把，為空心圓柱狀，上邊殘存部分淺盤，把外有指甲印紋。器耳有橋狀板耳，鼎足多數有榫鉚痕跡，方錐足較多，圓錐足較少。有一件器口繫侈口圓唇，腹微鼓。石器四件，其中石斧三件，二件完整，皆通體磨光，形制同，器身上窄下寬近梭形，弓背弧刀，刃部銳利，橫剖面近梭形，一件長 11.5 釐米、寬 2.8-5.4 釐米、厚 2.2 釐米，一件長 12.3 釐米、寬 3.8-5.6 釐米、厚 2.4 釐米。石球一件，呈卵狀，磨製光滑，乳白色。

　　上述殘豆把與遼寧開原李家檯子遺址同類器造型、紋飾基本相同。其板狀橋形耳、板狀耳皆為西團山文化器物中的常見耳形，特別是那種榫鉚結構的圓錐狀鼎足，更屬西團山文化的典型器物，而陶質、陶色、製法等亦明顯表現出西團山文化的風格，唯石斧的形制，與西團山文化有差別。故此，四楞格子山遺址的原始遺存應屬青銅時代的西團山文化範疇。

　　值得注意的是，在台地地表上散布著極為豐富的遼金時代遺物，包括遼金時期的布紋瓦當、大青磚和其他建築構件，說明繼青銅時代之後，又有遼金時代的人們在這裡生活過。在第一台地右側有一處古墓群，並有一對刻「壽」字的石桌。根據該遺址的位置和器物推斷有兩種可能：或是一軍事要塞，或是一處寺廟觀庵。

# 石嶺鎮城子山古城遺址

　　石嶺鎮城子山古城位於梨樹縣石嶺鎮姜家窪子村後李家屯北五百米處一座山丘上，山因城得名為城子山。城子山南、西、北三面皆與連綿起伏的峰巒相接，唯東面俯瞰一狹長的河谷地。古城依自然起伏的山坡築成，其北部和西部現已被一條山路破壞。城垣殘存部分呈不規則弧形，長一六六五米。城牆橫斷面呈梯形，頂寬五米，基寬十五米，最高處約三米，係土石堆築而成。在插入城內的山坳中，有一用不規則形狀石板交錯構成的類似井口的坑。現表面可見巨石六塊，當地村民謂之「高麗井」。在坑內曾出土過銅鏡及弓形銅拉手等物。因古城破壞嚴重，地表僅見少量古代文化遺物。歷史上，唐代梨樹縣曾為渤海國扶餘府治下，發現渤海文化不足為奇。從古城的構造及其依山臨水的地理位置看，頗具渤海山城特徵，因此可認為石嶺城子山古城是一座渤海古城。也有人認為是元代的一座山城，結論尚存爭議。古城已被吉林省人民政府公布為省級重點文物保護單位。

▲ 石嶺鎮城子山古城遺址

# 青石嶺古墓群

　　青石嶺古墓群位於梨樹縣梨樹鎮馬地方七隊北側一南低北高的漫崗之上，距馬地方七隊約三十米，與一條東西走向的村路相隔。村落南側是由梨樹縣至郭家店鎮的公路，東側約一百米處是一條北至青石嶺水庫南接梨樹至郭家店公路的村路，路東側是一高出地面約十米的山丘，現已被村民開闢為墓地。墓群西北不遠處是馬地方村磚廠，一座中國移動信號塔也矗立於此。這個墓群地處漫崗中部，現已全部被百姓開墾為耕地。青石嶺墓群於二〇〇七年八月被省政府公布為省級重點文物保護單位。

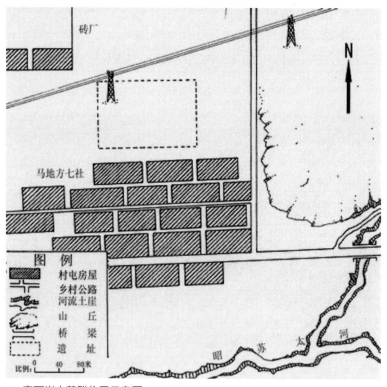

▲ 青石嶺古墓群位置示意圖

# 城楞子古城遺址

在梨樹縣東北蜿蜒流過的東遼河左岸，屹立著兩座千年古城——城楞子古城。城楞子古城位於梨樹縣東河鎮王平房村城楞子屯，兩城隔城楞子屯南北相望，間隔三百米。北城雖大於南城，但其形制結構基本一樣，為一對同一時期古城。古城北城在東遼河左岸二級台地邊緣，所踞地地勢較為平坦，城垣平面呈不規則四邊形，方向南偏東 12°。北城城垣已闢為耕地多年，現僅能據略隆起於地面的土楞來辨識城垣的四至及結構。北城城垣西、南、北三牆較為平直，由於南牆屢經東遼河水沖刷，已毀去大半，與河床形成一個高達 10 餘米的斷崖。從斷層處可看出城垣為黃褐色黏土堆築而成。城內早已墾為耕地，地表僅見少量建築構件、陶瓷殘片等古代遺物。城楞子古城南城同北城一樣，也築在東遼河左岸二級台地上。城北五十米處原有一小河自西向東注入東遼河，現已乾枯。南城所踞地勢南高北低，城垣平面成不規則四邊形，方向偏東 3°。因已墾為耕地，現城垣只能見到略隆起於地面約半米的低矮土壘。南城城垣西、南、北三面較為平直，南城築有角樓四座，現西南、西北兩座角樓僅存殘跡。南城內早已墾為耕地，地面仍可見零散的建築構件及陶瓷器皿殘片等。歷史上，梨樹縣境內唐時曾為渤海國扶餘府治下，遼金時又為韓州所轄。城楞子兩座古城不但出土了大量的遼金文化遺物，而且還出土了具有典型渤海文化特徵的蓮花瓦當。據此推斷，城楞子兩座古城當為渤海時期所建，遼滅渤海後，一直為遼金兩朝沿用。城楞子古城是梨樹縣北半部唯一發現有渤海文化遺存的兩座古城。古城的形制結構，城內出土的遺物，為研究梨樹縣歷史沿革及東北民族史提供了極為寶貴的實物線索。該古城遺址於二〇〇六年十二月二十八日被吉林省人民政府公布為省級重點文物保護單位。

# 狐仙洞溝遺址

　　該遺址位於梨樹縣孟家嶺鎮四楞格子山西側狐仙洞溝南的小山丘上，面積較小，呈圓形。地表散見有黃褐、紅褐夾砂陶片及器耳、器足、口沿等，皆手製，無紋飾，有侈口圓唇口沿，侈口尖唇器口，有較大的橋狀板耳。從採集遺物來看，此遺址應是一處青銅時期的文化遺存。

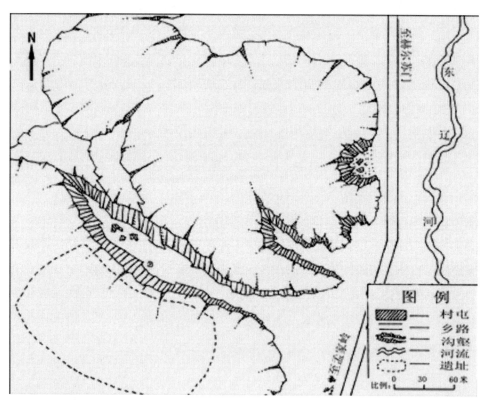

▲ 狐仙洞溝遺址位置示意圖

# 關家崗子遺址

　　關家崗子遺址位於梨樹縣萬發鎮關家崗子村一隊南側的一塊耕地中，南距賈家鋪五隊一百多米。地勢西高東低，呈東西走向的漫崗。遺址中心略高於四周一米左右，西側有一條南北向沙石村路穿過。遺址東西長五百米，南北寬二百米，呈長方形，四周為平原。地表散落遺物較多，青磚、布紋瓦和陶、瓷碎片隨處可見。據當地居民介紹，多年前這裡曾出土過鐵鍋、鍘刀等物品。根據採集的遺物標本分析，這裡應是一處遼金時期居住址。

▲ 關家崗子遺址

# 老地局子遺址

　　該遺址位於梨樹縣萬發鎮東南賈家鋪村老地局子屯與蔡家鎮劉家屯的交界處，早已開墾為耕地，南北寬 100 米，東西長 180 米，呈長方形，地勢南高北低。北距老地局子屯 0.5 公里，南距蔡家鎮劉家屯 100 多米，西距蔡家鎮城楞子村 200 多米。遺址北 20 米處有一條小河由城楞子村向東流入東遼河，東側是一條南北走向的土壕，南起劉家屯後北止小河邊。遺址四周地勢較為平坦，土壤土地肥沃。地表遺物主要有青磚、布紋瓦、陶、瓷等殘碎片。從採集的標本來看，此處應是一處遼金時代居住址。

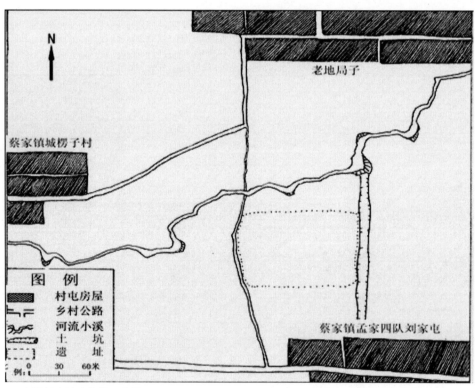

▲ 老地局子遺址位置示意圖

# 石家崗子遺址

　　該遺址位於梨樹縣林海鎮東南〇點五公里一個叫石家崗子的沙土崗耕地中，遺址北側稍高，周圍較為平坦。東西長約二百米，南北寬約一五〇米，呈長方形。四周為林帶所覆蓋，東北側距毛壕遺址〇點五公里。地表散落著陶瓷、青磚碎瓦殘片。根據地表採集的遺物標本分析，此處應屬一處遼金時期文化遺存。

▲ 石家崗子遺址位置示意圖

# 東南崗子古墓群

　　該墓群位於梨樹縣林海鎮雙山子村的東南崗子的南坡上，毗鄰張家局子東北崗子遼金遺址。因處於風沙較大的崗地上，封土大量流失，致使青磚裸露地表。墓葬均為長方形券頂磚室墓，長 2.3 米、寬 1.5 米、高 1.6 米。死者為仰身直肢葬，頭朝東腳朝西。墓內砌青磚棺床，人骨下尚可見多層朽布殘跡。墓室內東南角砌有長寬高各 30 釐米的方台，南壁中央有高 40、寬 30 釐米的墓門，北壁中央有象徵性墓窗。屍骨旁置完整的犬骨架，墓門外有羊的頭骨。這四座墓中除一座為雙人合葬墓外，其餘三座均為單人男性墓。雙人墓的隨葬品有灰色泥質陶罐、白釉粗胎大瓷碗、粉紅瑪瑙珠、古錢、銅鏡。其餘墓中亦有少量出土。該墓群隨葬器物的質地、器形和紋飾都具有遼金時代的文化特徵。從地表暴露遺跡推測，該墓群應與張家局子東北崗子的遼金遺址有連繫。

▲ 東南崗子古墓群遺址

# 郝家街遺址

　　該遺址位於梨樹縣林海鎮大門丁村郝家街屯西二百米的一塊漫崗耕地中。
遺址北高南低，中間略窪。東西長約二百米，南北寬約一九〇米，大體呈正方
形。北側高崗上是林帶，東西兩側是略微凸起的土壟，土壟上長滿了柳樹毛
子，遺址四周被林帶覆蓋。地表遺物頗多，陶、瓷、青磚、布紋瓦殘片比比皆
是。據當地耆老講，遺址中原有一口古井，二十世紀七〇年代被風沙囤積填
滿。根據採集的標本推測，此處應是一處遼金時期的居住址。

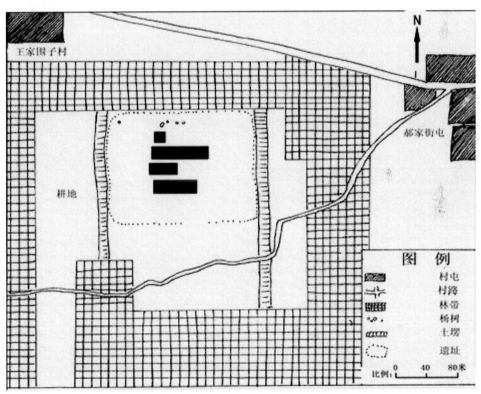

▲ 郝家街遺址位置示意圖

# 關林山石棺墓

　　關林山石棺墓位於梨樹縣孟家嶺鎮大河沿村老牛會屯西北關林山南坡山腳下。山脈呈東西走向，高出村落約 40 米，山上長滿雜樹，東距東遼河約 1.5 公里，南側地勢較為平坦，現為耕地。據當地村民介紹，此石棺墓為修山路時所發現，後被村民挖出，現置於老牛會屯中路邊。石棺通高 115 釐米，分上下兩層，為花崗岩石雕琢而成，為單人石棺墓。棺蓋高 55 釐米，蓋頂沿長 43 釐米，底沿總長 80 釐米，底沿厚 70 釐米。棺長 60 釐米，寬 50 釐米，高 40 釐米。棺室雕鑿成圓形，直徑 25 釐米，深 20 釐米。為火葬，隨葬品不詳。根據墓葬形式判斷，此墓應是遼、金時期石棺墓。此石棺墓為第三次文物普查新發現，因東距大腦瓜山古墓群約 500 米，故疑此址是墓群。

▲ 關林山石棺墓遺址

# 十家堡鎮八盤碾子遺址

　　八盤碾子遺址位於梨樹縣十家堡鎮八盤碾子村六隊屯北，八盤碾子小學的東北側。遺址北臨八盤碾子五隊，東約七百米有一條小河，西約七百米也有一條小河，兩河均係昭蘇太河的支流。遺址的東南為一片窪地，其餘遺址周圍地勢平坦。南北長三五〇米，東西寬二百米，面積約為七萬平方米。遺址地表散布遺物較少，採集有泥質灰陶片、褐陶片、灰色布紋板瓦等殘片。另外據村民講，這裡還曾出土過一件陶紡輪和一天然花崗岩石塊鑿製而成的石臼。根據採集標本特徵和調查結果分析，這裡應屬一處遼、金時期文化遺存。

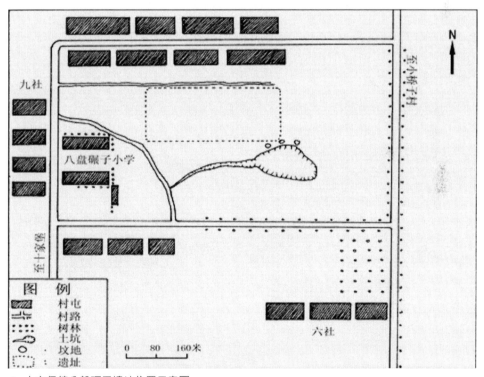

▲ 十家堡鎮八盤碾子遺址位置示意圖

# 八棵樹遺址

　　八棵樹遺址位於梨樹縣十家堡鎮八棵樹三隊東側的漫崗地上。遺址西北距十家堡鎮三公里，遺址南側有一條小河使其與八棵樹三隊居民區相隔。新修築的「哈大」高速鐵路在遺址北側向西南從屯中穿過，將八棵樹三隊分割成南北兩部分。地表散布著大量的附加堆紋陶片、灰色布紋瓦、泥質灰陶片等。遺址長一〇三二米，面積四三四一〇平方米。此遺址於二〇〇八年八月經吉林省考古研究所進行了考古發掘。

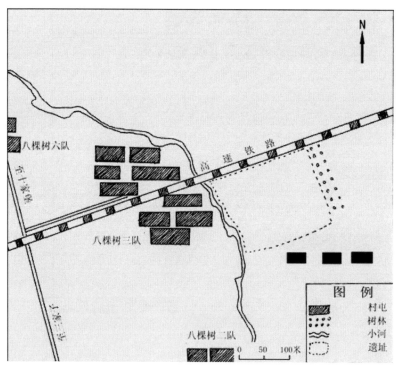

▲ 八棵樹遺址位置示意圖

# 田家溝遺址

　　該遺址位於梨樹縣喇嘛甸鎮前家把村一隊屯後一公里處南北走向的漫崗東坡上。西南側是由多年雨水沖刷形成深約七米、寬約十米的溝壑。北距喇嘛甸至大房身的公路二公里，東臨一條南北向寬約一百米的低窪地帶，內有季節性河流向南匯入條子河，當地村民稱為「田家溝」，也稱為「高麗房身地」。地表遺物暴露明顯，有大量的青磚、碎瓦和陶瓷殘片。採集標本有白瓷片、灰陶器耳。根據地表散落的遺物和採集標本推測，應是一處遼、金時代居住址。

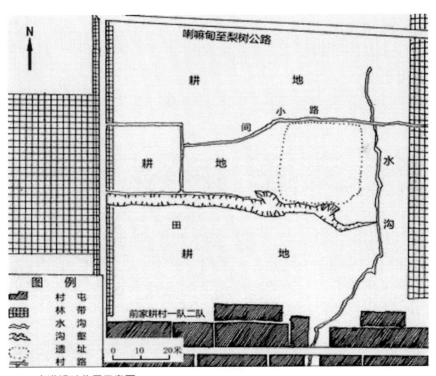

▲ 田家溝遺址位置示意圖

# 肖大崗子遺址

　　肖大崗子遺址位於梨樹縣小城子鎮江東道小學西約 80 米。遺址東南距江東道二隊、三隊約 300 米，東距東遼河約五公里，西距小城子至河山公路約400 米，東臨一條南北向鄉道，四周皆平坦耕地。遺址南北長約 110 米，東西長約 100 米，面積約為 11000 平方米。遺址地表散布遺物較多，採集有陶、瓷、缸胎器等殘片。青灰色大磚塊和布紋板瓦隨處可見。陶片多為灰色和紅褐色，均為細泥質，胎較薄，輪製，火候較高。瓷片多為牙黃釉，釉色不純正，質地不純淨，釉面光亮，無紋飾，均掛半釉。陶片均係罐、盆、壺類器皿，瓷片均係碗、盤、缽類器皿。另外，有當地群眾反映，這裡還曾出土過石臼、石杵、石磨、黑釉缸胎大甕等。根據採集標本和調查結果推測，這裡應是一處遼、金時期文化遺存。

▲ 肖大崗子遺址

# 高家堡子遺址

　　高家堡子遺址位於梨樹縣梨樹鎮（原杏山鄉）獾子洞村高家堡子屯北側的漫崗耕地中，當地人稱其為「劉家墳」。遺址西距梨樹至四平公路約二公里，南距南湖水庫約 300 米，北為杏山至東八大的鄉路，東側有一條排水溝。遺址東西長 230 米，南北寬 200 米，面積約為 46000 平方米。該遺址地表散布遺物較多，採集有布紋瓦、陶、瓷等殘片，陶片多呈灰色、細泥質、輪製、素面磨光。胎較薄，火候較高，少有紋飾，均係壺、盆、罐類器皿。瓷片多為乳白釉，釉質不存，掛半釉，胎較厚，質較粗，均係碗、盤類器皿。根據採集遺物標本特徵分析，這裡應是一處遼、金時期文化遺存。

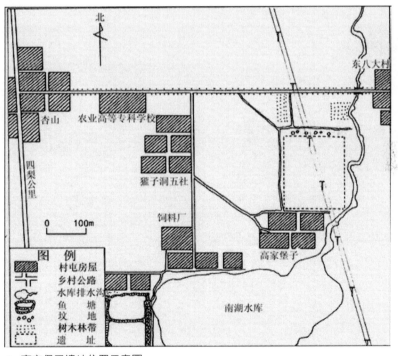

▲ 高家堡子遺址位置示意圖

# 孟家嶺城子山古城

　　城子山古城位於梨樹縣孟家嶺鎮蘇家村三隊屯北，大架山南麓一支脈——城子山山頂上。山南為一寬闊的河谷地，河谷地中，一小河自西向東匯入五公里外的東遼河。石嶺鎮通往東遼河畔的村路從山腳下的屯落中間橫穿而過。古城城垣基本保存完好，平面呈不規則四邊形，方向南偏東 25°。城垣東牆長26.5 米，南牆長 22.5 米，西牆長 28 米，北牆長 19 米，牆高 1-1.8 米，頂寬 1米，為黃沙土和碎石塊混雜堆築，城垣周長 96 米。因城較小，故無馬面角樓之設，無護城隍塹痕跡。由於廢棄年代久遠，現已被闢為耕地、果園所用。從古城的地理位置和形制結構推測，該遺址為遼金時期修築，不適應人們居住，可能是一座戍堡類遺址。

▲ 孟家嶺城子山古城遺址

# 梨樹溝青銅遺址

　　梨樹溝青銅遺址位於梨樹縣孟家嶺鎮四楞格子山東南側山腳下的山崗上，面積六九九五點七五平方米。村民已將此荒山開墾為耕地。遺址範圍較小，地表遺物隨處可見，採集有紅褐、黃褐夾砂陶片及器耳、口沿、器足等，手製，無紋飾。從遺物來看此處應是一處青銅時期文化遺存。以前未見公布和著錄，為此次普查新發現。

▲ 梨樹溝青銅遺址

# 河山村二塊石遺址

　　河山村二塊石遺址位於梨樹縣河山村七社南 200 米的耕地中，東西長約 150 米，南北寬約 100 米，呈長方形，兩個土堆的間距 60 米。西側有一防風林帶，東側有一條河山至土龍村的村路，兩側有林帶，北側毗鄰河山村七隊。距東南漫崗 300 米，遺址中心有兩個高約 5-10 米的土堆，四周皆為平原。地表遺物較多，尤以中心部分較為密集，青磚、布紋瓦殘塊及陶瓷碎片隨處可見。陶器多卷沿、鼓腹、平底器，係盆、甕之類，灰色，細泥質，胎薄質堅硬，火候較高，均為輪製。瓷器不多，發現有少量白釉細瓷片，屬盤、碗類，淺腹、臥式矮圈足，可見墊燒痕跡，工藝精細。根據地表採集文物的特點分析，這應是一處遼、金時期文化遺址。

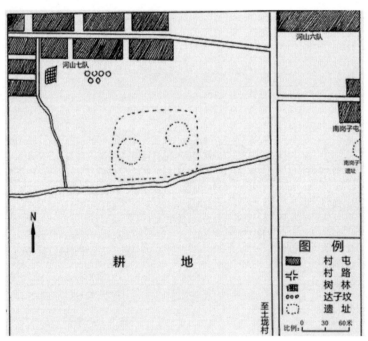

▲ 河山村二塊石遺址位置示意圖

# 孟家崗子遺址

　　該遺址位於梨樹縣團結鄉（現劃歸榆樹台鎮）閻家窩堡村東南約二百米處、東北至西南走向的漫崗東坡上；北臨六家子往返團結公路，遺址西北隔道與榆樹台鎮郊小學相望，南半部已被民宅所占據，西側一田間小路由南向北貫穿，南起村落北與公路交匯。遺址周圍地勢較平坦；遺址中心地表散布著殘磚、碎瓦、泥質灰陶片和瓷器殘片：磚為青灰色，呈長方形；瓦為灰色，板狀微弧凸，背裡有橫壓粗布紋；陶器為細泥質，輪製，素面磨光。根據遺址暴露跡象和遺物特點看，這應是一處較大的遼金居住遺址，而且沿用時間較長。

▲ 孟家崗子遺址

# 西道上遺址

　　西道上遺址位於梨樹縣原太平鄉（現已歸萬發鎮）宋家圍子一隊與畢家堡子四隊間的一塊坡地上，當地人稱其為「西道上」。南側有條東西向河流經過，隔河與李家屯相望，東南距原太平鄉政府所在地約三公里，東去五百米左右一條南北鄉道由村落中心穿過，南起太平鄉北抵泉眼嶺鄉。西側一南北向壕溝與南側小河交匯。遺址中部隆起，人稱「崔家墳」，現已被闢為現代墓地了。遺址面積約為 75156.45 平方米，周長約 1157.61 米。中心地表遺物較為豐富，有青磚、布紋瓦，以及陶瓷殘塊等。據採集標本特徵分析，這是一處遼金文化遺址。

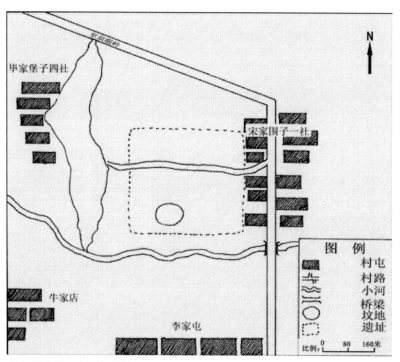

▲ 西道上遺址位置示意圖

# 八寶屯遺址

　　八寶屯遺址位於梨樹縣勝利鄉郭家窩堡村八寶屯北一階梯狀台地上，台地北高南低。遺址南有一干溝與居民區相隔，距勝利鄉政府二點五公里，東側一條南北走向的鄉道通向勝利鄉政府。遺址南部村屯呈東西向排列，越過遺址北上是一片遼闊的崗阜。遺址地表遺物豐富，有建築構件、生活用品等，殘碎的磚瓦陶瓷比比皆是。依據所採集的遺物分析，該遺址應為金代遺址，這對我縣研究金代發展歷史有一定的價值。

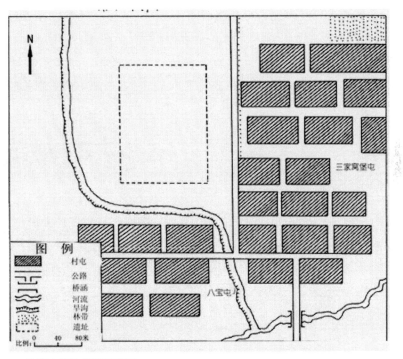

▲ 八寶屯遺址位置示意圖

# 東溝遺址

　　該遺址位於梨樹縣喇嘛甸鎮胡家屯四隊北五十米的高崗上。高崗高出地表約十二米，崗上地勢北高南低，崗下為平原地帶，南距條子河約三百米，西距胡家村五隊卡樓屯約二百米，遺址西側由於多年雨水沖刷形成高約十多米的斷崖。遺址東西長二百米，南北寬二百米，此地早已闢為耕地。遺址地表遺物較多，崗上中部尤為密集，有青磚殘塊、灰色布紋瓦和泥質陶片、缸胎陶片及瓷片。青磚較大，瓦為板狀，沙土質，手製。陶片皆灰色，細泥質，質地堅硬，輪製。器形多大卷沿、鼓腹、平底器，屬甕、罐類。瓷片多為圓唇、侈口、淺腹、平底、矮圈足器皿，屬碗、盤類。均施牙黃釉，釉質不純，淚痕跡象明顯。根據文物特點推測，此遺址應是一處遼、金時代居住址。此遺址為第三次文物普查新發現，以前未見著錄和記載。

▲ 東溝遺址

# 大晟編鐘

　　梨樹縣文物管理所於二〇〇三年六月在打擊盜賣文物的行動中，在販賣者手中收繳一隻殘破的青銅質編鐘。據當事者講，此鐘來源於距離偏臉城東南四至五公里遠的昭蘇太河河床上。文物管理人員對此地進行了勘察，並沒有發現房屋遺址或者其他歷史遺跡。眾人對此編鐘的製作年代和使用者各執一詞。

　　這件「大晟」編鐘係青銅鑄造，銅質一般，形式古雅，通體蟠虺紋，精美細膩，有鏽斑，有裂痕。形狀為橢圓形，身高二十一釐米，全高（編鐘頂部鑄有的雙鈕已斷去）不詳。口徑最寬處十九釐米，扁處十三釐米，形體具有明顯的春秋時期紋飾特點。正面中間鑄有陰刻篆體「大晟」二字，兩側分別以鉅形間隔，鑄三行乘三件乳釘，乳釘紋飾精美。背面正中鑄有陰刻篆體「太簇中聲」四字。兩側圖案同上。銅唇邊緣處有一行小字刻款，字跡模糊難以辨認。銅鐘銘刻皆為篆字。

　　「大晟」二字，《宋史》中記載甚詳。「大晟」是宋徽宗創制的音樂機關「大晟府」的標記。宋徽宗趙佶臨朝執政之際，正是北宋王朝「日落西山」之時，農民起義烽火連綿，女真、西夏內侵的壓力日趨深重。在這種危急關頭，昏庸無度的徽宗卻「銳意製作，以粉飾太平」，命文武百官重製新樂。「崇寧元年，詔宰臣置僚屬、商議大政。以大樂之制訛繆殘闕……」（見《宋史》），故設立樂器製造所和製作銅器的「鑄瀉務」，在汴京南郊設立一所規模宏大的鑄造場。

　　崇寧四年七月，鑄「帝鼐八鼎」。帝鼐，也叫景鐘或景陽鐘，其特點是垂則為

▲ 大晟編鐘

鐘，仰則為鼎，身高九尺可容九解，外飾九龍，並刻有長篇銘文，又特造九龍宮來安置它。景鐘銅質極純，音韻清越，是樂律之祖，只在皇帝祭天時演奏，其他新樂都需待它而定，所以新樂又稱鼎樂。宋徽宗將其命名「大晟樂」，並自誇為「宋樂之始」，還下達詔書曰「今返於載而成一代之製，宜賜新樂之名，曰大晟。騰將薦效廟、享鬼神、和萬邦，與天下共之，其舊樂勿用。」崇寧四年八月，宋徽宗又親製大晟樂記，用以誇耀自己治內修上的至德。

鐘上篆體「太簇中聲」四字，意指音律高低。

中國古代的七聲音階，為雅樂音階，這是七聲音階中最古老的一種，又稱之為古代音階或正聲調，它是在五聲音階的基礎上增加兩個「偏音」而構成的。所謂「偏音」是正音的對稱，意思是說，宮、商、角、徵、羽五聲是「正音」，其他的音只是「正音」的變化，不起主要作用，因此也叫「變聲」。我們現稱作偏音或半音。雅樂音階的偏音有兩個，一個叫做「變徵」（相當於升FA），一個叫做「變宮」（相當於 XI）也就是說，與宮、商、角、徵、羽這 5個正音相對的，是現代的 C、D、#E、G、#A、#B；而編鐘宮調系統和這幾個音相對的是黃鐘、太簇、姑洗、林鐘、南呂、應鐘。這樣我們就清楚了，這個「太簇」，即為現代音樂中的 D；但從某個角度打擊，發出 B 的音高，可能是擊打位置不同或由於一條長長裂痕所致。而「中聲」二字，《宋史》載：「聲謂黃鐘也，黃鐘即中聲……冬至祀天夏至祭地，常不用正聲而用中聲也。」「大晟樂」製成後列於崇政殿，使百官比較觀覽，當地試奏，「天顏和豫、百僚稱頌」。後又把新樂頒行全國，不論公私樂隊、歌場學校，均用新樂，一切舊樂都被禁斷。不久又通令太學生，學習大晟雅樂，徽宗親往檢閱。

大晟編鐘如果是宋代所製，何以具備春秋戰國時代的特點呢？宋徽宗其人知音好古，在製作大晟樂時，十分重視古鐘的蒐集和研究，不但注意造型，並且深入到音律和聲的試奏考定上。大晟編鐘的鑄造，就是當時瑞州（今江西高安）出土的一件樂鐘做樣模鑄成的。這件瑞州樂鐘有銘文，「驗其抱識、乃宋成公時」。宋徽宗原是以瑞親王繼承帝位的，他覺得「瑞」「宋」二字，是他

當皇帝的吉兆，所以使用這口樂鐘作為鑄造大晟樂的標準。大晟編鐘之所以具備春秋銅鐘特點，原因即在此。

在鑄銅工藝並不發達的北宋，為什麼能夠鑄出這樣精緻而又合乎古代傳統的樂鐘呢？其一是「大晟府」製造所和「鑄瀉務」是中央官工廠，它只求鑄件質量好，而不計成本高低，另外與宋徽宗蒐集研究這門「古器物學」也有很大關係。

北宋在徽宗以前，曾出現過幾位啟蒙的青銅器研究學者，留下不少精湛著作。《博古圖》《先秦古器記》《古器圖》《考古圖》等，圖文並茂，考證嚴謹，使研究青銅器成為一種專門學科。在這種風氣影響下，宋徽宗以皇帝的威權極力蒐集，先得古銅器六〇〇〇多件，最後累至二五〇〇〇餘件，特建宣和殿，可以稱作是一所世界上最早而且內容又最豐富的青銅器博物館。大觀元年（1107年），王黼據《古器圖》撰成《宣和殿博古圖》，是一本很有名的古銅器圖譜。因此，宋代研究樂律和鑄造樂鐘，多用出土的周代樂鐘作標本，這就比只據文字記載擬製的樂鐘，增強了很大的傳統依據和科學性。

宣和七年（1125年）十二月，金兵兩道南侵，汴京吃緊，於是關閉了禍國殃民的花石綱及各種土木工程和冗濫機關，「大晟府」也在這時被裁撤。幾天之後，宋徽宗把帝位傳給了他的兒子趙桓（欽宗）。靖康二年「金人索大晟樂器、太常禮制器用以至戲玩圖畫等物，盡置金營，凡四日，乃止」（《宋史・紀事本末》）。景鐘大樂，同徽、欽二帝及他的宗族，以及北宋王朝歷代搜刮聚積的珍寶財貨、法器文物、「府庫蓄積為之一空」，皆被金人掠走。這是一次有名的文化災難。

編鐘流落到金國後，多為佛教寺院所擁有。金代泰和元年（1201年）義州開義縣（今義縣開州屯）淨勝寺，存有銅鐘一口，相傳是宋徽宗宮廷中流落出來的，被稱為鎮寺之寶，寺僧還特立「老鐘碑」，告訴後人不得轉賣。遼寧省博物館現藏的晟樂「南呂編鐘」，也是由北宋首都汴京皇家樂隊的樂架上，輾轉流落到東北邊疆阿什河邊的一座佛寺裡的。作了佛教樂器之後，又刻上了

「上京都僧錄官押」銘款。它一直流傳在哈爾濱一帶，新中國成立以後才輾轉歸入省博物館。

　　「大晟編鐘」口沿處的一行小字刻款，清晰可辨，「韓州司判驗記官趙」是金代刻製。金代年間，女真統治者為了更多地剝削人民，「禁私鑄銅鏡，舊有銅器悉送官，給其值之半。但唯神佛像、鐘、磬等銅器，可以保存。」泰和年間，官府專賣銅器，民間有的銅器須交官府檢驗，否則就以私鑄處罰。根據這些推斷，「大晟編鐘」是在這種特定的條件下，也就是從北宋皇家中流落至金國才被刻上銘款的。

# 新建奉化縣署記碑

　　梨樹城內先有照磨官署。光緒五年（1875 年），知縣錢開震購民地數段，建造奉化縣署。

　　奉化縣署在城西南大街路東，建有大堂、二堂、內宅、吏戶禮房、兵工刑房，加上班房、男女監獄、廚室，大小房屋共計八十九間。還有儀門、大門、照壁。

　　落成後，錢親撰《新建奉化縣署記》，立碑紀念。碑為臥式，長一點五米，寬八十釐米，厚十五釐米，邊緣有浮雕紋飾，字為楷書，刻工精細。碑文記載了奉化縣治設置的歷史背景和縣署的修建情況，行文中也抒發了錢開震本人的思想感情，文字流暢而富於文采。

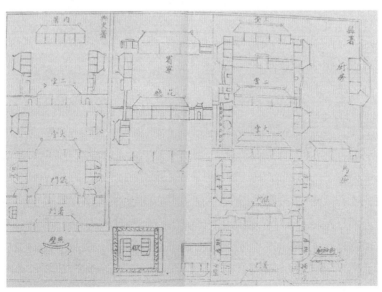

▲ 奉化縣官署平面圖

　　碑文如下：

# 新建奉化縣署記

梨樹城為蒙古達爾罕王分藩地，舊設照磨分司巡緝。幅員遼闊，防範難周。內地亡命，視塞外為逋逃淵藪，往往萑符聚處，為患閭閻。朝廷洞愁其弊，特簡刑部尚書崇公，留守陪都。公以發祥勝地，根本所關，統籌全局，力剔宿弊。疏陳昌圖所轄，地廣民頑，非設親民之官，不足以資化理；非籌長久之費，不足以供度支。建議開辦河稅、斗稅，以為增設官弁之需。疏即上，制曰可。光緒三年十月復經宮保崇公奏定，改設縣治，九社屬焉。所以廣治化、重事權、綏邊陲、柔遠服也。余自去春奉檄承乏斯土，爰假照磨舊署，暫資辦公，屋宇狹隘，勢不能無改作。先是議修衙屬、監獄各款，奏准由斗稅項下付撥，限於存款無多，從簡估計，繪圖上詳。因購民地數段，陷者平之，缺者補之，繚以垣牆，周圍一百六十八丈。規製既定，鳩工庀材，擇書吏之賢者裏其事經。始於五年四月，登登馮馮，百堵皆作。由照壁而儀門，由儀門而迴廊，中為公堂，次為官廨，旁為賓館，後為燕室。其餘次第興修，規模具備，惟尚堅固，不尚塗華。西南隅為監獄，砌以石，覆以瓦，堅其壁，厚其牆，昭慎重也。工既竣，吏請記其事以勒石。余慨然曰：凡事之艱於始創者，皆人之好為責備也。嘗見締造之初，大都心力勞瘁，而之觀厥成者，恆不免吹毛求疵之論，絕不做設身處地之思。所謂責人明而責己昧者，非耶？況以支絀之官款，興煩廢之工程，稍涉虛糜，是為負國；稍徵力役，是為病民。即使躬習勤勞，力加撙節，或視守官為傳舍，或因築室而道謀，苟且目前，因循時日，余誰不才，義不出此。第奉邑僻處邊隅，採辦木石磚灰，動則出數十里外，載運非易，耗費良多。賴九社中之慕義者，牽車服勞，往來於道，斯役告成，與有力焉。余綜理資費，量入為出，弗糜國計，弗累民生。有所不足，自捐廉俸。吏體斯意，亦各捐有差。如閻勝春、李敏、路永慶、李尚志、趙華堂、張書紳，皆始終不倦者也。因約其文以鑴石，用告後之君子。

運同銜同知奉化縣事錢開震謹識

大清光緒五年十月穀旦立

# 梨樹縣四平街市紀念碑

　　二〇一一年四月二十四日上午，在四平市八馬路與南一緯路之間的一個修路工地上，出土一塊石碑。此碑為沉積岩質地，由碑身和碑座兩部分組成，碑額不知去向。碑座長九十四釐米，腰寬六十一釐米，高六十三釐米，正面浮雕蓮花，中間以三角形構圖浮雕牡丹花和白頭翁，寓意「富貴白頭」；碑座左側浮雕一組菊花和鵪鶉，寓意「安居樂業」；右側浮雕一組梅花和喜鵲，寓意「喜上眉梢」；背面浮雕一組蓮花和白鷺寓意「一路連生」。碑身長方形，高一八四釐米，寬六十八釐米，厚二十八釐米。碑身正面刻有浮雕，上面浮雕雲龍紋，下面為海濤紋，左右邊上各浮雕三龍三珠，碑座與碑身榫接而成。碑身正面刻楷書十四行六百字，僅二字遭槍彈所傷完全不見，其餘字跡清晰，筆道遒勁。碑文追憶了道東當年開埠的緣由及經過，頌揚了梨樹縣知事尹壽松任職期間開埠鐵東區的政績。碑身背面上面陽刻纏枝牡丹，下面陽刻纏枝蓮花，左右兩邊從上往下對稱陽刻纏枝蓮花和纏枝牡丹紋飾，碑文變化為陰刻楷書，內容為立碑的發起人、助捐人及捐款金

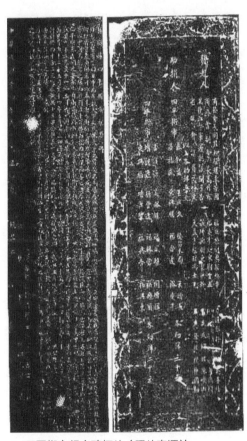

▲ 四平街市紀念碑拓片（照片來源於《梨樹文史》）

額。發起人部分是商會會員，或商號中的財東、經理，助捐人則只記載了商號的名字，共有二十六個商號參與了立碑，所籌款項共計一〇八〇大洋。

碑文實錄如下：

## 梨樹縣四平街市紀念碑

《周易·繫辭》有言曰：「日中為市，致天下之民，聚天下之貨，交易而退，各得其所，蓋取諸《噬嗑》。」《虞書·益稷》亦云：「懋遷有無化居。」說者，謂食貨者，生民之本。以故聖王御世，首重農商，固未可以本末，稍分軒輊也。後世經學不明，或反以商賈為末務，而於古聖人運世之意熟視焉，面無所賭，以致辭東西洋商舶雲來，市廛林立，胥以中國為銷貨之場，而獲利且千百倍焉！《記》曰：「相觀而善之謂摩。」吾國於古聖之所，重誰失於既往，而於外人之所長，又安可甘讓於將來耶！吾奉梨樹縣四平街，奉、吉間之要沖也。自南滿鐵路既興，外人多集於此，商業稱盛。逮邑侯尹公秀峰蒞任茲土，慨然於日中為市之利，多方提倡開放新市街區。由中華民國十年五月至十一年五月為一週年期，建築市房千間有奇；由十一年五月至十二年五月為兩週年期，建築市房二千八百間有奇，建築費約八十一萬有奇；由十二年五月至十四年五月為三四週年期，又建築市房共三千餘間，建築費約九十萬有奇。計新市街基，每方十二號，每號地三畝□分，第一次計劃共四十方，二三次展放共十五方，合計五十五方。人煙輻輳，瑰貨雲屯，闤闠之興，蒸蒸日上。商民飲水思源，深感尹公往年謀劃之精，乃思勒碑，以垂永久。該縣今之邑侯藏公彭伯暨該埠商務會長李君芳園、高君作霖屬余。同年友該縣稅捐局楊局長芷青介紹，丐余文以紀之，余不敢以不文辭，乃為志，其原委於右。並深佩尹公廓舉，實有合於古聖人利用後生之旨，而使熙來攘往之儔，皆願藏於其市，迥非尋常俗吏，區區補苴之為，而嘆通經之果足以致用也，後之覽者可以興□。是為記。

前翰林院侍講學士瀋陽蒙古世榮拜撰　古樂　郊師文　鄭純敬書　中華民國十四年歲次乙丑仲秋　穀旦立

碑文中傷兩字無法識別，其一為「每號地三畝□分」，筆者根據中華民國十年（1921 年）五月十三日，梨樹縣公署（行字六十九號）公布開闢四平街市場的布告中同時提到「每號計地三畝六分」，故判定其為「六」字。而「後之覽者可以興□」中，根據句意推測此字為「懷」，為引起感觸之意。如王羲之在《蘭亭集序》中說：「俯仰之間已為陳跡，猶不能不以之興懷。」

　　此碑碑文作者世榮，遼寧撫順人，蒙古族，三十二歲經地方舉薦，進京受業於國子監博士，此後在縣試、府試、院試中一路高中，輕取秀才資格。在光緒皇帝主持的殿試名列二甲第七十三名。一九○六年升為翰林院侍講學士，是張學良主持編修《奉天通志》的總纂之一。世榮在文學上頗有造詣，一生著述彙編為《靜觀齋遺著》二十一冊。

　　依據《梨樹縣志》上可知這塊碑的存在。這塊碑是為紀念梨樹縣四平街市所立的「紀念碑」，也被稱為「尹公德政碑」。立於中華民國十四年（1925 年），是鐵東區的開埠紀念碑。它見證了梨樹縣四平街市一段特殊的發展歷程。

　　一九一七年至一九三一年的四平，其土地權屬處於三足鼎立狀態，即日本的滿鐵附屬地、北站的四洮路局、梨樹縣二區管內的四平街。中華民國十年前，梨樹縣管轄的二區的道東，還是一片荒涼的農村，而附屬地裡，商業則已是一片繁榮，經濟命脈操縱在日本人手裡。附屬地內的中國商業者，飽受殖民地主義者的欺凌、搜刮、壓榨，農民入市賣糧、買賣經常受到日本警察的打罵。為抵制日本經濟侵略，扶持發展民族工商業，梨樹縣知事尹壽松，呈請洮昌道尹馬龍潭、奉天省長張作霖批准，在道東放地號，建商埠，招客商，開闢市場，當時稱「四平街新市場」。中華民國十年（1921 年）五月十三日，梨樹縣公署（行字六十九號）公布開闢四平街市場的布告，並頒布了開闢市場的章程。一系列優惠的開發政策，使商民爭先恐後領地號、建房屋。數月，商民來此報領者多達三百餘戶，興建起中國人自己的市場。首建的是大糧商張君作開設的同絲和糧棧、何西泉開設的公泰昌糧棧、馮海峰的東和慶糧棧及李秀卿開設的亞細亞火油公司均在道東一、二馬路開業。此外，興業公司在北市場修建

了大批的出租房屋給各行各業，如飯館、旅店、小雜貨鋪等。到一九二三年，僅兩年共建鋪房和民房達四三一八間，建築費約花八一八三〇〇元，大小商號二一四家。在當時，遠遠超過滿鐵附屬地內工商業戶的數量，使昔日荒村變成店鋪林立、人煙稠密的街鎮。到中華民國十四年（1925 年），新市場街已發展成為周邊地區的糧食集散地。鐵東區的開埠，激發了中國民族商業經濟的發展，抵制了日本滿鐵租借地對中國民族經濟發展的壓制。可以說梨樹縣四平街的開埠是四平人民同日本殖民主義者鬥爭的結果。

附尹壽松簡介：

尹壽松，字秀峰，安徽桐城縣（今樅陽縣）人，生卒年不詳。一九一五年至一九一九年，任懷德縣知縣。一九二〇年至一九二四年，調任梨樹縣知事。

在梨樹縣知事任上，尹壽松為抵制日本經濟侵略，扶持民族工商業的發展，振興市面，遂於一九二〇年經呈准在四平街道東收買民地二〇八二畝，開闢四平街市場，迫使日本人不得不變更收稅章程。奉天省長張作霖、實業廳長談國桓、洮昌道尹馬龍潭皆對尹壽鬆開闢新市場予以嘉許。

四平街道東新市場建成後，縣境及伊通、西安（今遼源市）、西豐、東豐各縣產之糧食、煤炭、山貨多集市於此，與「滿鐵附屬地」相抗衡。一九二二年九月又呈准在郭家店「南滿鐵路」北側收買民地四一七點九畝，闢為市場。境內北部小城子、榆樹台及長嶺、雙山各縣所產糧食大都雲集於此，梨樹工商業得到振興。

四平街鐵道東新市場開闢交易日益繁榮，唯市內無電，入夜昏暗。尹壽松「謀諸地方士紳，發起創辦電燈」。一九二四年春天始籌建，十二月十五日送電，使四平街市場面為之一新。一九二六年又引電至梨樹縣城。

縣城至四平街市有大車道，但路線迂迴，坎坷不平，雨後泥濘，車馬難行，頗為不便。一九二〇年尹壽松勘驗民地，修築由縣城直達四平街市新道一條，沿路河溝七處，各修木橋一座，從此道路平坦，人皆稱便，此公路為梨樹

縣歷史上第一條公路。

　　一九二三年，尹壽松在縣城西南隅創辦了第一個苗圃，占地十六畝，栽植榆、搪械、洋槐、樟、杏、蘋果、櫻桃等十餘種苗木，草本花卉三十餘種。

　　尹又督飭修整各鄉官道橋梁，置途徵標牌，籌款修葺年久失修的縣署、文廟，甚為百姓所嘉許。

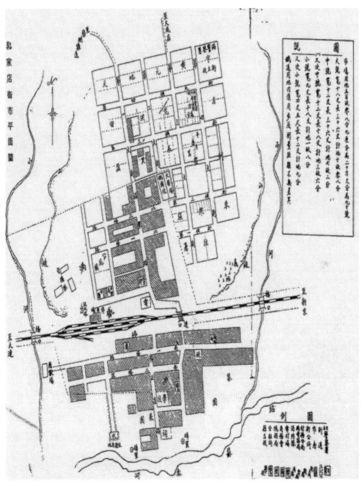

▲ 郭家店街市平面圖（曲清海 提供）

# 姜化南墓碑

　　姜化南，梨樹縣十家堡榆樹溝村人，在梨樹縣高等小學校畢業後到瀋陽中學讀書，不久又考入保定士官學校，兩年後畢業又升入保定軍官學校，為第七期畢業生。姜化南畢業後回歸東北，曾在郭松齡部下任參謀之職，後由郭松齡推薦給張學良。張學良對姜化南甚為器重，先任命他為少校副官兼衛隊營長之職，後又提升為第三、第四方面軍團上校副官處主任兼衛隊隊長之職。一九二六年九月十日，隨張學良赴張家口彈壓王永清旅嘩變，為保護少帥張學良而英勇捐軀。

　　一九二六年農曆九月末，姜化南靈柩由京運回梨樹縣城，在西街新宅停靈一年。張學良決定在姜化南故鄉的梨樹縣城為其修陵造墓，並和軍團長韓麟春聯名寫信給時任梨樹縣長藏伯彭：

　　　　伯彭縣長閣下久跂：鴻儀無任欽達此侯政棋歹益為頌為慰啟者本部故姜隊長化南英年慘死良深悼惜寡妻矢節殊堪欽佩此擬在其故里梨

▲ 姜化南墓舊照

樹縣購地（五畝至十畝）築祠用妥英靈之位並便柏舟之守除特派副官
前往辦理外當希鼎力相助玉成義舉不勝感盼之至專鴻並頌秋祺張學良
（手印）韓麟春（手印）啟

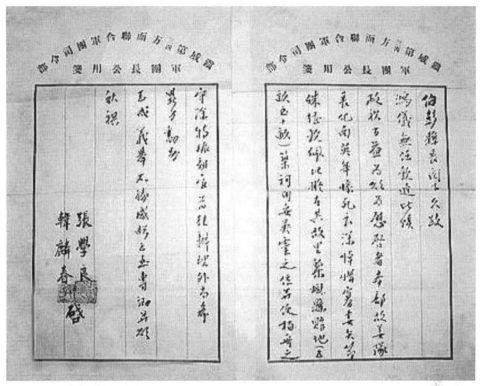

▲ 張學良、韓麟春聯名寫給藏伯彭的信件

　　經過藏伯彭的大力協助和精心安排，一九二七年秋，布局較為壯觀的姜化
南陵園在梨樹城的東門內築成。陵園內修墓、建亭、樹碑、立祠。

　　陵園門題「自古疆場只戰死，滿城風雨痛招魂」。陵園內修直徑六米、高
三米乳白磚石券墓。六角碑亭上方題「忠勇可風；英靈不泯；正氣長存；成仁
取義；浩然正氣；義盡仁至」，依次為張作相、吳俊升、馬龍潭、鮑文樾、王
之佑、楊宇霆所題。亭中樹碑，正面題「姜公化南之墓」，背面為張學良所親

撰的碑文。祠堂呈廟形，因化南之兄化齊（奉軍少校營長）於二次直奉交戰中陣亡，故橫書紅色「姜氏雙忠祠」。祠內輓聯多幅：張學良題「肯使松花淘壯士，祗令梨樹識將軍」；韓麟春題「忠魂必逐登黃冊，浩氣猶能鎮白山」；鮑文樾題「化鶴倘歸來喜得河山將底定，揚鷹似先烈舊時袍澤有哀思」。另有「捐軀赴國真烈士，肝膽照人自英雄」；「視死如歸正氣塞平天地，當仁不讓大名著於鐘常」等輓聯。陵園墓祠於「文革」時被毀。

縣社退休幹部韓郁文為核實史料，尋找墓碑，奔走三年。二〇〇〇年九月，從北杏山村三社張姓家中尋得墓碑，因碑已斷成兩截，又久墊馬廄槽底，三十五個碑文殘蝕難辨。韓又從縣黨校賈文明當年抄錄的筆記中補全碑文（原文繁體無句讀）：

陸軍第三四方面軍團衛隊長上校姜君墓表　當中華民國十有五年，余奉命討伐振旅入關。既定京師，克南口，出綏遠，略地千有餘里，苦戰數月，民情敉寧。時第十四軍騎隊剽悍捷疾，所向克敵，而部曲恃功不法，商民屢稟控訴。余呈總部得密令即蒞張垣，嚴陣設備。傳見軍長穆春、旅長王永清、徐永和，諭即解甲候命。穆春出而變作，槍聲突起，於是衛隊長姜君奮當前衝，宣令圍剿，斃首逆百數十人，事已大定，而姜君遂遇難以死。昔趙宣子有提彌明忘生禦敵，力衛其上，以君忠烈，何讓古人！嗟余淺薄獲茲良佐，嗚呼！余何幸而得君，又何不幸而失君，所為聞角而興悲，撫弦而三歎者也。余既飭經紀其喪，存問其母而贍其家，擇地莽君，伐石樹碣，以銘功誌哀，垂諸無窮。君諱化南，號志轅，奉天梨樹縣人也。父連科早世，母籍氏撫君成立。君少穎慧，中華民國六年君年十七考入陸軍第一預備學校，八年畢業發邊防軍入伍，九年期滿，十年升入陸軍軍官學校，十二年畢業分發東三省陸軍步兵團見習。是年，充第二旅中尉差遣，調軍士教導隊中尉連附補副官，十三年補上尉副官升連長，調第二

十七師上尉參謀進級少校參謀，十四年調東北陸軍第四師補少校副官升第七十八團第一營營長。是年十月調第三方面軍團司令部補中校副官，十二月進升副官處會計科上校主任，同月調第三四方面軍團司令部副官處上校主任兼衛隊隊長。君事母孝，讀書通大義，涉歷行伍，忠勇勤能，克舉其職。乙丑之冬，郭軍叛變，抵新民府。我師屯興隆店，鼓角相望，勢炭岌勝負未可知。君西望裂眥，慷慨誓死，迫郭部效順，君奉命納降，反側遂安。君兄化齊於十一年直戰陣隕，余憫君家難，調充副官，不令更當前鋒，寧料其終不免也，方事之殷。君陷陣督戰，余彷彿見君登車，及事定，人爭覓君，余憬然覺其非祥，知君雖死而不忘其職也！惜哉！君生以清光緒二十七年九月廿八日，卒以中華民國十五年九月十日即夏曆丙寅八月四日，春秋二十有六。妻籍氏，子二皆病猩紅熱殤，有遺腹女一。即以次年重陽後一日，葬君於梨垣東隅。銘曰：

國有法律軍有紀，驕悍當誅枉當理。救民伐罪義應爾，養癰姑息亂所始。天水觥觥好男子，捨生赴義須臾耳。丈夫報國何惜死，我銘豐碑告惇史。

陸軍第三四方面軍團軍團長張學良撰

中華民國十六年十月五日立

# 常氏懿德碑

常氏懿德碑是常母於一九二五年一月死後，由京奉鐵路局各處正副處長、課長、站長、事務員等八百二十人集資建立，並請北洋政府交通總長葉恭綽篆額，京奉鐵路局副局長曾廣壤撰文，京奉路局秘書長張季鷹書寫。

碑為漢白玉石質，長二點一五米，寬〇點八五米。碑額稍寬，寬〇點八九米，高〇點六米。碑額浮雕卷雲紋麒麟圖案。中間部分方形位置上，篆刻四字，正面是「閫儀足式」，背面是「女範昭永」。

碑體正面正中直書十三個楷書大字：清封夫人常母張太夫人懿德碑；右為立碑時間：中華民國十四年夏曆乙丑八月廿八日；左為立碑單位。碑的背面，碑額以下為碑文，從右至左豎刻二十二行，足行四十二字，文曰：

## 常母張太夫人懿德碑

女教陵夷，以致於今。相習為瓊高壯駭之談，以震世，而動俗；公宮師氏之試，相夫訓子之道，闕焉弗及。如是而欲修內政，興賢才，豈不左哉！故家遺俗，猶有存者，不垂令範，何以淑世？此常母懿德碑所由作也。太夫人瀋陽望族，父諱盛富，母氏崔。生而韶淑，雅得親心。年十有六，承歸重三贈公諱殿元。贈公高行遠志，不事家人，生產米鹽瑣屑，一以委太夫人。太夫人處理井然，凡可以為家中節日用、計久者，無不周凡。所以苦一身。逸諸姒，以承舅姑意者，無不至。浙米執爨，供奉旨

甘，堂上加餐輒喜，減飯則憂惶終日，威姑衰年多病，扶持抑搔，夙夜無間，中裙廁牏身自瀚濯，日久無倦容。為人謙恭下人，人以是化之。秉性儉約，獨好施予，周恤族姻，濟貧振匱，知之無不為，為之無不盡，蓋數十年如一日也，太夫人恩其子女而督課不稍寬假。長君蔭廷，少喜乘馬，則誡之曰：「士貴學養兼至，馳馬試劍，非所宜也，入村必式，毋失禮於長者。」既而長君與季子蔭槐揚歷中外，屢請奉板輿以承菽水歡，太夫人一至輒去，惟時時以「毋負國，毋負民」為訓。樂居鄉里，督仲子蔭敷，叔子蔭恩勤家事，不少暇逸。後贈公之卒五年，甲子十二月十四日未時，太夫人無疾終於里第，距生於清道光二十七年丁未六月十八日午時，享壽七十有八。子四子，蔭廷，甲午舉人，現官綏蘭道尹；蔭敷、蔭恩以實業名於時；蔭槐，奉天法政學堂畢業，現官東北陸軍總執法處處長，京奉鐵路管理局局長。女一人。孫男十三人，贊彝、宗彝，現官陸軍營長；炳彝，現官京兆密雲縣知事；鯤彝，現為直隸省長公署秘書；鼎彝亦現為軍官；端彝、宣彝、棟彝、林彝、桐彝、溥彝、俊彝、忱彝等，均為儒業。孫女十七人。曾孫六人，倫五、倫典、倫政、倫夏、倫厚、倫序，曾孫女六人。嗚呼！盛矣。廣壤等從事京奉路局，與季子共職一堂，習聞太夫人之懿行姆德，多足為世法而補女教於久敝者。宜勒貞玟，以垂令範。爰系以銘，其辭曰：

姜之孝，冀之敬，仇之遷，夫人一身兼數賢，險難備歷德澤全，有子多冠而霓旆，子孫曾元華蕚聯，潭潭老福瑤池仙，義鱗胡晦涕泗漣，敢寓懿姆樂石鐫，昭茲來許萬斯年。

一等大綏寶光嘉禾章、一等文虎章、交通總長、愚侄葉恭綽篆額。

三等嘉禾章、五等文虎章、國務院存記簡任職京奉鐵路局副局長愚侄曾廣壤敬撰。

二等嘉禾章、三等寶光嘉禾章、國務院存記農商部任用簡任職京奉鐵路局秘書，愚侄張季鷹敬書。

# 梨樹文廟碑

梨樹文廟是梨樹城內四大廟之一，是當時尊孔崇儒祭孔朝聖之所。

文廟位於梨樹城南門大街路東（現梨樹二中址），一八七八年，由知縣錢開震、訓導趙萬泰主持興建。一九二七年，由梨樹城名流孟松喬和紳商富戶捐資進行重修，使文廟恢復原貌。

文廟以其布局與建築工藝而著名。整個建築群坐北朝南，院落按中軸線成對稱形，布局嚴謹，建有殿、祠和配廡十八間，另配有附屬建築院牆等。文廟南端為照壁，內掩設大門。因當地未出狀元，所以照壁暗門一直未開，人們出入只能走東西儀路、禮門。照壁相對為欞星門三間。向北進入第二院落，中建泮池，橫架狀元橋。泮池以青磚砌成，池深近三米，形如勾月，故又稱月牙池，上有石柱護欄。狀元橋是用花崗岩構築的單孔拱橋，板石鋪面，上雕橋欄

▲ 梨樹文廟

計十根。狀元橋向北，有青磚甬路連通文廟主院正門——大成門。上懸「正大光明」匾額。大成門為單開間的飛簷廡殿頂建築，青磚清水牆，中設拱月洞門，正門左右為掖門。「大成」一詞取自孟子頌揚孔子為「古聖先賢天才之集大成者」句中「大成」二字。正面是整個建築群的中心。文廟的主體建築——大成殿，即祭孔朝聖的殿堂，重檐廡殿頂建築，正面有懸掛的清光緒帝御書「斯文在茲」匾額。大成殿東西有配殿各三間。崇聖祠坐落在大成殿後院，是孔子的祖廟，供俸孔子四代父祖的牌位。每年春丁（即二月的第一個丁日）秋丁（八月的第一個丁日），地方官員都要組織商界、學界等士紳名流備齊牛、羊、豬及乾鮮果品等祭品，來此祭孔朝聖，舉行祭禮活動。

梨樹縣城文廟創建時所立碑石為濡陽、陳文焯撰寫；一九二七重修落成之後所立紀念碑由齊耀琳（清代翰林院庶吉士）、孟松喬（清代拔貢，曾任訓導）二位老先生撰文、書寫。

**創建文廟碑碑文如下：**

自古先王興建學校，法制綦詳，非胥天下而煩苦之。修道育德，凡以順人心之自然，所性之同然而已矣。四代之學，極其美盛。漢唐後，或既其實而制未備，或制大備而實弗存。延延綿綿，數千年來，無論世之盛衰，俗之淳漓，地之遐邇，而遵聖翼教之典，乍晦乍明，輒留於人心而不能以去。方今聖天子昌明正學，凡直省各郡縣以及山陬海遯，皆得立學而又厚廩楩以贍其養，選師儒必備其官，允能超越前古，造就鄉土，而可以取驗人心者也。奉化舊名梨城，本蒙古達爾罕王分藩地。近百餘年，蒙、民雜居，日以藩大。光緒初，當事諸鉅公先後奏奉諭旨，設縣治。凡所以綏邊陲，宣德化者，皆籌款次第舉行。越明年，庀材擇地，修建學宮。是年，來官斯土者，為大令錢君開震、學博趙君萬泰、少尹任君鳳林，皆能始終裏理其事，並各出祿賜以助。而趙君則以司鐸是鄉，尤宜克勤厥職，乃於嚴寒盛署，躬率紳者，感以至誠，詳其鉅製，心力交瘁而致疾焉。紳士李君遇春，則又以備極憂勞而病以殁矣。士以外凡居是邑者，降而至貿

遷之徒，皆奔走樂輸，而慕斯義以補不足。故廡門橋巍煥並舉；堂室齋寢庖福之所皆完整。其工之創而備，費之艱而鉅如此。嗚呼！以窮邊瘠苦之地，叢雜安插渺不相聯屬之人，一旦提倡風教！乃群然各急其事，奉以資。夫非同然之理，不昧於本心之所為，而誰為之歟，故余弗辭僭妄而安詳其美。是役也，始於光緒五年四月，落成於六年八月。廟址南北凡四十丈，東西十有二丈，學署牆寬與廟稱，長則三十丈。備紙之，謹始也。

《梨樹縣志》中所載重修文廟碑碑文：

梨樹縣重修孔聖廟碑文　　　　　　伊通齊耀琳撰

梨樹縣之有聖廟舊矣粵在光緒初年於昌圖府東北邊栅蒙古達爾罕王旗
地置奉化縣而崇建至聖廟以重敦化善俗之務越今垂四十年中經變政改
縣名為梨樹而廟乃陀隴弗修識者憾焉縣人歐君暑春許君靖藩首建與復
之議縣之賢令與士紳之明達者咸贊成之官割其俸紳捐其財集款有成工
廼興作若大成殿若崇聖祠若東西兩廡若欞星門咸斥其舊而更新焉又增
修名宦鄉賢節孝四祠以附祀為締搆堅貞丹艧宏麗落成之日祀典聿崇盛
矣哉歐君函囑耀琳為文以紀其事耀琳舊在史官學於聖人之徒粗明聖人
之道敢不祇若乃拜手而言曰惟聖人之道上與天並不可階而升也載籍以
來由其道而興背其道而亡者不可勝數也其道精深廣大誠未易言然約其

梨樹縣志　已編藝文　卷一雜著　一四一　瀋陽文化興印書局排印

旨歸所以範世者不外乎中庸之德所持以盡己而及物者不外乎忠恕之理

皆常道也後世以為中庸之德不足以驚世而取名也則務為索隱行怪以求

勝又以忠恕之理無以逞欲而便其私也則倡為權利競爭之說以自快一切

盡反乎常道而大亂以興亂極而求治亦惟在人人反本力行乎聖人之常道

而已黎樹地本邊塞風尚渾樸近則鐵軌經行漸臻繁盛靡俗濡染懼有不能

葆其初者聖廟之興復非徒侈為奔飾觀瞻已也其必崇奉聖訓光昭治本致

風俗於醇懿而後崇祀為不虛耳既述與作之始末更作銘曰

於穆聖師垂教無疆厥有彝訓治世永臧理本簡易道在經常何期澆暮習為

濤張滄流蕩紀陂降心傷人思撥亂聖念戢狂聿修新宇儼遇羹牆濟濟邦彥

景緬咸昌

# ▌賢孝牌

　　萬發鎮老宅子西，大榆路的北面，那是最早放置「賢孝牌」的地方。說起這個賢孝牌，萬發鎮這一帶大人小孩兒都知道。那是光緒皇帝給滕四寡婦立的。這牌的氣勢可真不小，四根大石柱子並排立著，中間的兩根最高，足有兩房多高；兩根矮的也有一房子高。石頭料也好，又光又滑，據說還是從唐山弄來的。柱與柱當腰用石條穿著，居中的橫條上放著一塊石扁，上面刻著兩個醒目的大字：聖旨。橫條下面，是一塊長方形的大石碑，碑文有「旌表滕志髮妻」等字樣。

　　滕四寡婦二十一歲嫁給滕志發為妻，又賢惠，又能幹。大夥說這是老滕家祖上積了八輩的德了。

　　滕四寡婦三十歲那年，男的有病死了，撇下孤兒寡母。雖說滕四寡婦能幹，可這日子還是一天比一天窮了，屯裡有個媒婆得了別人的錢，花言巧語地勸滕四寡婦改嫁。誰知滕四寡婦一聽就翻臉了，一頓臭罵把媒婆趕了出去，娘兒兩個淚一把、汗一把地過日子。

　　一晃孩子大了，滕四寡婦沒天沒日地幹，好歹給兒子成了親。沒承想沒到兩年，兒子也病死了，真是晴天霹靂，滕四寡婦尋死覓活的，整天哭得像個淚人。好心人勸她：別遭這份罪了，走走人家吧。滕四寡婦真是鐵了心，還死守著，一守就是幾十年。滕四寡婦七十五歲那年，有個紳士叫李景陽的，知道了這件事，就呈報給了梨樹縣太爺，縣太爺不敢怠慢，打快馬進京奏明了皇上。光緒皇帝當然要表彰一下「貞婦烈女」了，後來，就在萬發鎮立了「賢孝牌」。

# 梨樹財神廟碑

梨樹財神廟，於道光二十七年（1847年）始建，占地大約八百平方米，地址在梨樹城東大街路北老商務會西院。古廟建有正殿三間，西廂房五間。廟基高築，殿式宏偉。從關內特聘工匠，採用無棟梁構架結構，自成一格，世人觀之無不嘆奇。

大殿正中供奉殷代宰相比干，比干無心。左供藥王、右供酒仙，皆為描金塑像。財神廟住寺淪海，另有僧人和尼姑。

財神廟碑高一點六米，寬○六二米，厚○點二米，周邊雕有半凸起的冬青圖案。楷書碑文共九行，每行四十七字。此碑立於道光二十七年（1847年）。當時，梨樹為財神廟而捐資的單位，包括商號、當鋪、肉鋪、皮鋪、染房、簍鋪、烘爐、錫鋪、絲房、油房、客棧、飯館等，不下百戶，足見經嘉慶、道光幾十年的開發，經濟繁榮已達到相當程度。

## 碑文為（標點為編者加）：

昌圖迤北，古號梨城。既作買賣之寰區，復通商賈之道路。考設官開墾之初，實屬僻壤窮鄉之地。乃營求者源源而來，貿易者紛紛而往，不數年將彈丸之地，竟易為聚財之藪。人以地靈乎，地以人盛乎，夫不有九天上相增福財神者乎！財神者，督理財源，權衡國寶，凡我輩之夙夜經營，興家立業，未有不仰仗神明而求為默佑者也，況我街人煙湊聚，日盛月增，建造神禱，亦分內之所當盡。胡為乎，數十年來，修關帝廟者有之，建地藏寺者有之，築城搞祠者亦有之，而獨於財源之主、福祿之神，竟未達啟爾宇也。試思積善之家，必有餘慶，神所憑依，將在德矣。某等謀食特土，敢不敬抒虔心，成此盛舉乎！然工程易起而吉壤難求，若不加意選

擇，不特有瀆於神明，亦旦有關市井。以是遷延歲月，未敢造次。茲於街之東不過數十步，偶卜其地，地不高而朝陽，塵不染而居淨；雖無怪石長松之盛，而神宮法座，亦足為吾境之巨觀矣。自分府而照廳，而遠近村屯，皆勃勃然資財之樂助；由殿宇而廊廡，而門祠須額，俱巍巍然形勢之初興。從此神威奕奕，千秋蕭悠祀之瞻；廟貌巍峨，百世獲無疆之福。爰飾蕪祠，用勤石碣，敬書蠅楷，永建神墀。

　　特授奉天昌圖廳理事通判分防梨樹城照磨三次邊口保薦即升加四級紀錄八次張長泰敬立

　　直隸永平府臨榆縣庠生穆承謀文

　　直隸永平府臨榆縣庠生高淳灝敬書

　　總理人：王學顏、胡永山、馮振東、霍永泰、泰萬福、韓栓

　　會末：廣福當、義當、廣福店、廣德當、廣合福、長盛號、廣勝當、彩盛當、廣和泉、增盛成、隆號、東昇當、彩全當、四合號、霍家店、協泰廣、義口口。

　　大清道光二十七年歲次末七月穀旦敬立。


　　以上是正面。背面尚刻有買賣字號及個人名字一三〇個。財神廟碑現已收歸縣文化部門妥為保護。它為研究「買賣街」早期的發展情況，提供了可靠資料。

# ▎宋代青銅「唐卡」

　　大約是在三四十年前，一農民在自家地裡挖到二塊破舊的金屬板，拿回家裡，扔到倉房角落裡再也沒想起過它。轉眼三十幾年過去了，翻蓋房屋清理地基過程中，在倉房的地下又發現遺忘幾十年的這兩塊東西。洗掉金屬板上的泥土才發現上面有刻畫的圖案，才知道這是一件好東西。近幾年電視上對文物保護的宣傳家喻戶曉，他估計這個東西能賣幾個錢，被一位文物愛好者買下收藏，沒有流出文物出土地——梨樹縣。

　　這二塊金屬板是青銅材質，含鉛較高，寬二十五釐米，長四十一釐米，外截面厚三毫米。銅板正中間斷面厚一點五毫米。表面處理及其光滑平整，因為含鉛較高，硬度相對較低些。據當事者講，出土時就已經斷為兩半，合併起來也發現缺少三分之一，現存的為 L 形狀，佛像的半部腰身和頭像在另外一塊板上不知去向，雖然現存的是殘件，卻也不失它的藝術魅力，仍然能體現出在宋代，宮廷御用器物的精湛雕刻工藝和高超的繪畫技法，細細觀賞，令人拍案叫奇。

　　銅板上，正反面都刻有佛祖像，身穿寶相蓮花紋華麗的服飾，坐在盛開的蓮花上。一面刻畫為：佛像頭頂覆罩蓮花傘，雲紋環繞，雲紋背後有二方連續畫法的太陽光芒向下照射的紋飾圖案。佛像身後有上小下大，寬一點五釐米的兩個背光環繞，背光環內畫有纏枝蓮花紋飾，光環外面有火焰紋。衣服上的寶相蓮花紋飾華貴繁縟，具有唐代衣服紋飾的風格。盤腿打坐露在外面的佛腳腳心向上。紋飾線條採用雙勾、單勾來展現人物和服飾襯景。背襯圖案分兩部分：從上至下十二釐米處為界，上面為雲紋和太陽光芒向下照射的圖案做背景，襯托主體佛像；十二釐米以下背景為四方連續技法的花瓣紋飾，線條精細到只有用放大鏡才能看清是刻畫的什麼圖案，在五釐米寬的蓮花葉瓣上，刻畫有一七〇多條蓮花葉筋脈線條，也就是說在一毫米寬的地方要刻畫出三四條蓮花葉筋脈。

　　另一面同樣刻有佛祖像，與上面敘述繪畫的佛祖區別在於手印不同。由上

至下，十二釐米以下的背景圖案均刻繪為「萬」字紋，佛祖服飾有寶相蓮花紋，也有團花圖案，其他圖案均和另面相仿。銅板邊緣留出一點五釐米，一面刻有殘存的五十九個古印度梵文字，另一面刻有殘存的三十五個古印度梵文字，如果按照字間隔對等計算，一面大約為九十至九十二個字，一面大約為五十至五十二個字。在刻有殘存三十五個古印度梵文的那面的正下方，右側第二個、第三個、第四個、第五個字之間刻有「韓州司判趙（押記）」。

縱觀所有刻畫的線條，從起筆到收筆，力量一致，速度一致，深淺一致，沒有發現一條線條產生滑刀、跳刀或位置偏差等錯誤，技藝超群，收放自如，不是專職為皇家工作的畫師絕無如此功力。遺憾的是缺少佛像的半個身體和頭像。殘缺的佛像刻板，其藝術魅力和畫師的刻畫功力讓我們震撼。即便是殘缺的畫像，讓人觀看頓覺清淨閒逸，令人起敬。雕刻紋飾上殘存鎏金溜銀痕跡，使其更顯得富麗堂皇，豪華珍貴。

其價值所在有如下幾點：一是此物為了方便刻畫，在鑄造銅板時多加入鉛，使其強度降低，但不失青銅特性，韌性極好，據此可以得知那時的冶煉技術所能達到的水準。二是從斷面就能看出鑄造時留下的氣孔、蜂窩、雜質等問題，同時看出研磨銅板後造成的邊緣厚中間薄的現象，錘打研磨應該用時不短，從中可得知其工藝製造過程。三是如此精美的佛像刻板不應該是金代女真人自己的作品，可能是汴京皇家御用寺廟或者宮中拜佛所用之物，這對了瞭金軍押解徽、欽二帝，途徑韓州的歷史有一定價值。四是它體現了外來佛教文化和中國本土文化的融合，其衣服樣式、紋飾圖案、表現技法等，都是漢文化在佛教中的體現，有相當的文化價值。五是通過刻款押記能了瞭很多金代歷史問題。同時，「韓州司判趙（畫押）」所刻文字蒼勁有力，布局工整，清晰，線條深度均勻，與邊緣古印度梵文交互輝映，堪稱一件藝術珍品。這種檢驗刻記對於後人研究銅器使用年代、流行地域會起到重要作用，而且對於了瞭當時的政治、經濟、歷史、地理、軍事提供了難得的實物資料。

綜上所述，這是一件宋時皇家寺院或者宮中佛家信徒供奉禮拜的青銅「唐卡」，是藏傳佛教文化和漢文化的結合體現。筆者查看資料，至今尚未發現有相似的宋代青銅唐卡存世，可以說是獨此一件，彌足珍貴。

# 東北民主聯軍「四平保衛戰」指揮部舊址

　　東北民主聯軍「四平保衛戰」指揮部舊址位於梨樹縣梨樹鎮北街醫園路。此房屋原係清代黃河道尹的後裔張邵宇的宅院。張邵宇是梨樹偽滿協和會委員，其先人因治理黃河有功，被封為世襲州判之職。清道光年間，張家為躲避朝廷的問責和黃河氾濫之災，逃到梨樹，在此修建此宅院。宅院為四合院式建築，正房坐北朝南，有五間。東西兩側為廂房，有十間。門房在上個世紀八〇年代被毀。二〇〇三年縣政府投巨資重新修葺，是梨樹鎮內現存唯一一座清代風格的建築。在這個院內，林彪、羅榮桓等人，指揮了一場震驚中外的戰鬥——四平保衛戰。東北民主聯軍「四平保衛戰」指揮部舊址現為梨樹縣愛國主義教育基地和博物館辦公地，全天開放，免費參觀。該指揮部舊址於一九九九年被吉林省人民政府公布為省級文物保護單位。

东北民主联
军"四平保
卫战"指挥
部旧址

▲ 東北民主聯軍「四平保衛戰」指揮部舊址

# 中國最有魅力休閒鄉村 —— 霍家店

　　二〇一二年七月二十六日，「中國最有魅力休閒鄉村 —— 吉林・霍家店」揭牌儀式在梨樹縣霍家店村興旺廣場隆重舉行。

　　「中國最有魅力休閒鄉村」是二〇一〇年由國家農業部倡導並發起的一項全國性的宣傳推介活動。旨在將每年經過地方選薦、大眾投票、專家評審、網上公示、最終認定五個環節評選出的十個最有魅力的休閒鄉村，推介給全國，成為全國新農村建設的典型和樣板。

　　二〇一一年，梨樹縣霍家店村以二十五萬張大眾得票和專家評審團的充分肯定，與北京市平谷區大華山鎮掛甲峪村、天津市武清區梅廠鎮灰鍋口村等九個村，一同在「2011 年度全國最有魅力休閒鄉村」評選活動中榜上有名。

　　霍家店村位於梨樹縣城北郊，遼金古城 —— 偏臉城下，昭蘇太河南岸。全村幅員十平方公里，耕地面積七六二公頃，轄十個自然屯，有十六個村民小組、一一二三戶、三八七六口人。

　　霍家店村曾經是一個村集體負債纍纍、經濟發展舉步維艱、人居環境又髒又亂的落後村。近幾年來，通過不斷探索，走出了一條「以特色產業促進休閒農業，以特色產業帶動旅遊業，以生態旅遊推動新農村建設」的發展之路。村集體經濟和各項事業得到了長足發展，農民生活富裕，村容整潔，環境優美，管理民主，社會和諧。到二〇一一年末，經濟總量比十年前增加了二十倍，總收入增加了十五倍，農民人均收入增加了七倍，固定資

▲「最具魅力休閒鄉村 —— 吉林・霍家店」揭牌儀式（任建民 攝）

產達到二億元，已建設發展成為名副其實的「吉林第一村」。國家領導人曾先後來村視察，對其農業特色產業和新農村建設都給予了高度評價。

　　富裕起來的霍家店村，開始利用與縣城近在咫尺的區位優勢，充分挖掘現有資源，著手在打造宜居環境上下功夫。

　　二〇〇四年，霍家店村被吉林省政府確定為全省第二批小康村建設示範村。從這一年開始，村裡投資 500 萬元，修築了工業區五公里油路、綠島、花壇，栽植風景樹五萬株、草坪二萬平方米，安裝路燈二五〇盞，建設步行街1000 米；投資 350 萬元建設了村辦公樓、學校教學樓，修繕了一個能容納一百人的多功能電教會議室、千人座席的二人轉劇場和 200 平方米的衛生所。

　　與此同時，投資 1000 多萬元，於 2004 年在吉林省率先建成了占地面積10000 平方米，建築面積 3860 平方米，十棟二層二十八戶的小康新村農民別墅。這項工程，當年年末在全省十六個小康示範村評比、考核、驗收中以總分九十二分的好成績位居第一名。2005 年，又由村裡自籌資金 1000 多萬元在原

▲ 霍家店中心街區（周寶文 攝）

▲ 霍家店梨北新城和垂釣園（周寶文 攝）

有的小康村基礎上，再建八棟二層、共計 11650 平方米、共六十三戶的農民新居。

2008 年，村裡利用 20 萬平方米的磚廠廢棄地，興建起了垂釣園、水上樂園；建設了有假山流水、噴泉、人文景觀、健身器材等設施的休閒娛樂廣場；開發了集各種商業、服務業於一體的商貿一條街和具有南方熱帶雨林風光的興旺休閒酒店。

2011 年起，利用三年左右的時間，發揮縣城近郊的區位優勢，開發建設了總面積 80 萬平方米、近城宜居的梨北城鄉綜合體；2013 年 11 月，占地三萬平方米、投資 1.5 億元的北方峇里島海洋館正式營業；2014 年 4 月，伴隨著陣陣鞭炮聲，計劃投資二億元，占地面積二萬平方米的長春歐亞集團——梨樹歐亞購物中心項目開工剪綵奠基儀式又在霍家店隆重舉行。

「大美霍家店」，天天新變化；「魅力新家園」，年年大不同。我們相信，「中國最有魅力的休閒鄉村」霍家店，必將繼續演繹她獨具特色的現代發展傳奇！

▲ 霍家店小康村農民別墅

▲ 霍家店興旺廣場（周寶文 攝）

第五章 ——

# 文化產品

梨樹縣文化產品，主要包括影視劇創作拍攝、文藝專題片製作、影視劇參演、地方戲專業演出、評劇演出、吉劇演出、文學創作、書法作品、篆刻作品、年畫、農民畫、手繪葫蘆畫、仿真野生動物工藝品、工藝笤帚、木雕工藝品、根藝作品、水泥雕塑、民間二人轉演出、書報出版等。

# 在央視一套熱播的農村題材電視劇
## ——《陽光路上》

　　二〇一二年春節前後，隨著梨樹縣本土作家張信編劇的三十二集電視連續劇《陽光路上》在央視一套黃金時間播出，梨樹農村題材影視劇再次引起人們的關注與熱議。

　　梨樹是典型的農業大縣，其所面臨的「三農」問題及其破解辦法在全省乃至全國都具有普遍意義。上個世紀九十年代末，一種全新的生產、經營模式開始在梨樹縣農村悄然興起，這種模式就是新型的農民專業合作社。梨樹的新型農民專業合作社曾先後創造了全國第一個在工商部門註冊的專業合作社、全國第一個獲得國家銀監會批准的資金互助社、全國第一個出台規章制度的合作社等多項全國第一。農民專業合作社把分散的、孤立的農民有機地組織在一起，逐步形成生產、加工、銷售各環節相連，龍頭企業、合作社和農戶相結合的緊密型利益共同體，大大提高了農民抵禦市場風險的能力。因此一經產生，便受到了普遍的關注和歡迎。截止到二〇一二年底，全縣在工商部門註冊登記的農民專業合作社共有一三二八家，入社成員四點六萬戶，帶動農戶七點三萬戶。

　　《陽光路上》，正是一部以梨樹縣農民專業合作社為焦點，反映梨樹農村生產生活新變化的農村題材大型電視連續劇。作者此前不懈地關注合作社七年，最終萌生了創作一部劇本把農民合作社推向全國的念頭。

▲ 電視連續劇《陽光路上》劇照

▲ 電影《巢》劇照

《陽光路上》全劇散發著樸實的泥土氣息，故事來源於生活，忠實於生活，其主要人物均有原型，女主角柳春香的生活原型就是全國首個農民專業合作社的領頭人——梨樹縣夏家卜子村農民張淑香。

　　《陽光路上》講述的是農民柳春香帶領鄉親創辦養豬合作社的故事，過程一波三折，情節跌宕起伏。

　　該劇緊扣時代脈搏，反映了當下農民面臨的新問題以及發展之道。生活氣息濃郁，時代特徵鮮明，人物形象鮮活，表現形式活潑。特別是原汁原味散發鄉土氣息的語言風格，加上將喜劇因素有機地融合於農村的日常生活情境之中，真實展現了一幅幅當代中國農村豐富多彩的生活畫卷。二〇一三年，該劇獲「飛天獎」提名獎。

　　值得一提的是，《陽光路上》的作者張信，近年來始終將自己創作的視角聚焦在農村題材上。二〇一二年由他編劇的電影《巢》獲得第二十一屆中國「金雞百花獎」電影節國產新片獎。最近，他又先後完成了電影劇本《吳道德歸來》《金雷》的創作。

# 聚焦新農村建設的長鏡頭
## ──《追求幸福的日子》

　　繼在央視一套熱播的電視劇《陽光路上》之後，從二〇一四年六月起，由梨樹縣立群影視傳播有限公司拍攝的三十集電視連續劇《追求幸福的日子》又相繼在吉林衛視和遼寧衛視播出。

　　《追求幸福的日子》是由著名導演于博執導，除了申軍誼、王姬、潘長江等一些知名老戲骨出演外，還彙集了幾位「星二代」：申軍誼的女兒申奧、宋佳的女兒張楚楚、王姬的女兒高麗雯等均在劇中扮演重要角色。

　　《追求幸福的日子》以梨樹縣霍家店村為原型，以嶄新的視角全方位地展現了梨樹縣農村，在邁向城鎮化、工業化道路上的新發展、新變化。該劇講述了上河村的村委會主任郝運輝在領導村民開山築路的過程中不幸遇難，在生命垂危之際他希望原村民──民營企業家王俊龍能夠回上河村帶領村民繼續奮鬥，實現幾代上河村人「要讓家鄉父老過上城裡人的生活，有尊嚴地活著」的

▲ 電視劇《追求幸福的日子》劇照之一

美好夢想。臨危受命的王俊龍毅然決然放棄了在城裡的企業董事長之職，回村參加了新一屆村委會主任競選——去和生他養他的那片黑土地上的人們共同實現夢想。然而王俊龍一回到上河村便立即陷入了愛恨情仇的矛盾漩渦之中，有人為了爭奪村委會主任之位而使出渾身解數，詆毀、縱火、恐嚇、打砸、陷害等朝著王俊龍洶洶而來。可精明的王俊龍一邊化解著村裡的各種矛盾，一邊帶領著鄉親們馬不停蹄地開山築路，以特色經濟、人參深加工為切入點，堅持「以工促農、以工興村、以工富民」的發展思路，終於在上河村人們不懈的努力下，過上了令城裡人都羨慕的幸福生活。

在此需要強調的是，站在「三農」問題前沿，聚焦農村題材，已經成為梨樹影視劇創作拍攝的一大特色。據統計，包括《陽光路上》《追求幸福的日子》在內，近年來梨樹縣共創作拍攝反映本地文化特色的影視劇十餘部。主要劇作者除張信外，還有陶秋然、張偉等。其中，陶秋然先後創作發表電影劇本四部，即《紅匣子》《樹神》《同名的她》《古城奇緣》。二〇〇三年，陶秋然的電影劇本《樹神》獲由吉林省電視台、《吉林日報》社、長春電影製片廠、吉林省廣播電視藝術家協會、黑龍江影視中心聯合頒發的「星光杯」獎。此前，陶秋然擔任製片和總監的電視劇《葉赫那拉公主》曾獲「駿馬獎」。

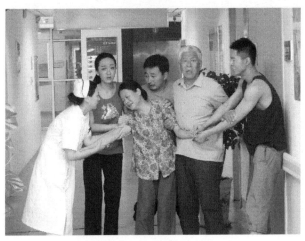

▲ 電視劇《追求幸福的日子》劇照之二

# 梨樹地域文化的解說
## ——文藝專題片《雞兒花開》

二〇一三年，反映梨樹地域風情的文化專題片《雞兒花開》，榮獲中國廣播電視協會二〇一二年度全國縣級廣播電視節目創優評析一等獎。

一方水土養一方人。梨樹歷史悠久，文化底蘊深厚，山川風物、歷史過往、時代發展都在梨樹人的內心鑴刻下了深深的文化印跡。這種文化印跡需要挖掘，需要記錄，需要呈現，需要解說。積土成山，久而久之這種印跡就會成為一種揮之不去的文化情結，一種凝聚地域文化精神的巨大力量。

能將這種文化印跡最直觀、最生動、最鮮活呈現和解說出來的文化載體，非文藝專題片莫屬。

提起梨樹的文藝專題片製作，就必須提到一個人，這個人就是現就職於梨樹廣播電視台的新聞工作者李鴻雁。近年來，李鴻雁出於對故鄉這方水土的摯愛，出於新聞工作者特有的職業責任感，以梨樹獨特的地理座標、歷史遺跡、人文風物為創作題材，拍攝了二十多部具有濃郁地方特色的文藝專題片。這些專題片，融厚重的歷史、浪漫的詩意與現實的思考於一體，具有很強的思想性、文學性、藝術性，屢獲大獎，開啟了梨樹文藝專題片創作、拍攝的新階段。

▲《雞兒花開》鏡頭

二〇一三年，是李鴻雁文藝專題片創作拍攝大豐收的一年。這一年的七月，《雞兒花開》《不盡長河滾滾來》兩部專題片分獲中國廣播電視協會二〇一二年度全國縣級廣播電視節目創優評析一、二等獎；這一年的九月，《邊

關秋月》《歡天喜地過大年》《轉鄉歡迎你》三部專題片分獲第二十五屆吉林省電視文藝「丹頂鶴」獎一、二、三等獎；同年，另一部片子《昭蘇紀行》又獲得「2012 年度全省優秀外宣品評選」音像製品類二等獎。一人在同一年中六次獲得國家和省級電視文藝大獎，這不僅在梨樹廣播電視史上絕無僅有，在全省也並不多見。

榮獲中國廣播電視協會二〇一二年度全國縣級廣播電視節目創優評析一等獎的《雞兒花開》，是李鴻雁的代表作品之一。雞兒花，呈幽紫色，俗稱「老牛挫」，學名大薊。它是千百年來盛開在梨樹縣偏臉城古城牆遺址上的極普通又極富生命力的小花，每到春季盛開時節，花開遍野，香氣習習。它之所以走進梨樹人的文化記憶，源於金代提點遼東路刑獄王寂的一首詩《詠雞兒花》：「花有雞兒號，形殊意卻同。封包敷玉卵，含蕊啄秋蟲。影臥夜棲月，頭駢曉舞風。但令無夭折，甘作白頭翁。」

這首詩見於王寂的著名作品《遼東行部志》。原著在《詠雞兒花》詩前曾手記曰：「乙丑次韓州(即偏臉城)，宿於大明寺……是日，路旁見俗謂雞兒花者，予為駐馬久之。吾鄉原野閒此物無數，然未嘗一顧。今寒鄉久客，忽見此花，欣然有會於心……其花形色與雞絕不相類，不知何以得此名也？為賦一詩。」

電視文藝片《雞兒花開》正是以王寂的《詠雞兒花》為切入點，以花寫人，以花寫城，以花寫史，面對開滿雞兒花的偏臉城，遙想一座歷盡八百年風雨的廢城，飽經了多少金戈鐵馬的烽火戰亂，見證了多少滄海桑田的世事變遷。昨日已逝，白雲蒼狗，城池已廢，花開依舊。作者面對斷壘新花，一方面思接千載，一方面連繫現實，以飛揚的文采，抒情的筆調，將梨樹人對偏臉城濃得化不開的文化情結做了一次透徹深入、鞭辟入裡的解讀。

如今，李鴻雁一路寫來，由遼金重鎮偏臉城到梨樹的母親河昭蘇太河，再到梨樹人的驕傲——二人轉……他在對梨樹歷史文化一次次地深入挖掘與再現中，實現著自己為家鄉文化樹碑，為家鄉文化立傳的美好夙願。

# 「轉鄉」唱響綠色二人轉
## ——梨樹專業二人轉演出

　　二〇一〇年，中國曲藝家協會授予梨樹縣「中國二人轉之鄉」榮譽稱號。二人轉是起源於鄉土的民間藝術，遍及東北各地。梨樹之所以能一枝獨秀，一舉奪得「轉鄉」的殊榮，原因很多，但有一點不容忽視的是：梨樹的專業二人轉演出，始終以弘揚主旋律、傳播正能量為己任，是當下真正「環保」、「健康」的「綠色」二人轉。

　　新中國成立之初，梨樹就成立起專業的二人轉小劇團。轉眼六十多年過去，機構變遷，人事更迭，但始終不變的是梨樹二人轉出人才、走正路的優良傳統。也正是這一優良傳統成就了梨樹二人轉歷史悠久、人才輩出、精品不斷、普及廣泛的大格局。

▲ 二人轉《曹操與貂蟬》劇照（由縣劇團提供）

▲ 單出頭《嫦娥情》劇照（由縣劇團提供）

　　遠的不說，單是二〇〇〇年以來，由梨樹縣戲曲劇團（現更名為吉林省梨樹縣戲曲劇團有限責任公司）演出的原創優秀劇目就有九十七個。其中，參加省匯演的劇目三十一個，參加市匯演的劇目二十四個，為紀檢、計生、國稅、地稅、電力、移動公司等部門和單位創作演出的劇目四十二個。其中，很多劇目獲得省級以上大獎。

　　人們對當下的二人轉褒貶不一。褒的主張「寧捨一頓飯，不捨二人轉」，貶的認為如今的二人轉正在被商業和票房所綁架，只要能博觀眾一笑，便無所不用其極。說到底，喜歡的人還是喜歡傳統二人轉「唱、念、扮、舞、絕」的精華，反對的人反對的還是它髒口、粗鄙的惡俗。可喜的是，梨樹專業二人轉演出，正在去粗取精、去偽存真的道路上，朝著「專業」和「商業」雙向共贏的目標努力地探索與前行。

## 2000-2013 年梨樹縣地方戲專業演出獲獎情況一覽表

| 獲獎時間 | 表演形式 | 獲獎劇目 | 獲獎級別 | 獲獎演員 | 劇作者 |
|---|---|---|---|---|---|
| 2000 | 二人轉 | 黑臉 | 全國電力系統演出獎 | 鄭亞文 李連生 | 王亞軍 |

| 2000 | 二人轉 | 青山淚 | 吉林省第十五屆二人轉匯演二等獎 | 王德林　王麗麗 | 王亞軍 |
|------|--------|--------|------------------------------|----------------|--------|
| 2002 | 單出頭 | 楊排風 | 吉林省首屆二人轉·戲劇小品藝術節一等獎 | 趙丹丹 | 趙月正 |
| 2002 | 二人轉 | 柳條邊 | 吉林省首屆二人轉·戲劇小品藝術節一等獎 | 王　穎　趙　波 | 陸德華 |
| 2002 | 二人轉 | 小村故事多 | 吉林省首屆二人轉·戲劇小品藝術節二等獎 | 鄭亞文　陳　波 | 劉興立 |
| 2002 | 拉場戲 | 一根龍頭杖 | 吉林省首屆二人轉·戲劇小品藝術節三等獎 | 劉興玉　王德林 | 王亞軍 |
| 2002 | 小品 | 保潔工 | 吉林省首屆二人轉·戲劇小品藝術節三等獎 | 李連生　劉麗傑 | 趙小征 |
| 2002 | 小品 | 心靈交響曲 | 吉林省首屆二人轉·戲劇小品藝術節三等獎 | 崔　文　趙丹丹 | 陶秋然 |
| 2005 | 二人轉 | 百姓書記 | 吉林省第二屆二人轉·戲劇小品藝術節一等獎 | 趙　波　王麗麗 | 王亞軍 |
| 2005 | 二人轉 | 不該吃的醋 | 吉林省第二屆二人轉·戲劇小品藝術節三等獎 | 付慶義　甄海紅 | 張貴武 |
| 2005 | 拉場戲 | 酒不醉人 | 吉林省第二屆二人轉·戲劇小品藝術節二等獎 | 王國慶　王德林 | 張慶東 |
| 2005 | 拉場戲 | 和氣生財 | 吉林省第二屆二人轉·戲劇小品藝術節二等獎 | 趙丹丹　李　偉 | 高文波 |
| 2007 | 二人轉 | 愚公哭山 | 吉林省第三屆二人轉·戲劇小品藝術節一等獎 | 趙丹丹　付慶義 | 陳功范 |
| 2007 | 拉場戲 | 夜深人不靜 | 吉林省第三屆二人轉·戲劇小品藝術節三等獎 | 崔　文　李連生 | 陶秋然 |
| 2009 | 二人轉 | 香妃夢 | 吉林省第四屆二人轉·戲劇小品藝術節一等獎 | 趙丹丹　付慶義 | 趙月正 |

| 2009 | 二人轉 | 奈何橋 | 吉林省第四屆二人轉·戲劇小品藝術節二等獎 | 王國慶 譚梅婷 | 王亞軍 |
|------|--------|--------|----------|----------|--------|
| 2009 | 二人轉 | 王老三養牛 | 吉林省第四屆二人轉·戲劇小品藝術節二等獎 | 趙 波 王麗麗 | 陳忠偉 |
| 2009 | 拉場戲 | 今日芒種 | 吉林省第四屆二人轉·戲劇小品藝術節二等獎 | 崔 文 李 霞 劉興玉 | 張貴武 |
| 2009 | 小 品 | 今天是她的生日 | 吉林省第四屆二人轉·戲劇小品藝術節一等獎 | 李 偉 甄海紅 | 陶秋然 |
| 2010 | 二人轉 | 香妃夢 | 第六屆中國曲藝「牡丹獎」全國曲藝大賽牡丹獎 | 付慶義 趙丹丹 | 趙月正 |
| 2010 | 二人轉 | 香妃夢 | 全國首屆「南山杯」新人新作邀請賽金獎 | 付慶義 陳宇含 | 趙月正 |
| 2011 | 二人轉 | 曹操與貂蟬 | 吉林省第五屆二人轉·戲劇小品藝術節一等獎 | 劉將軍 陳宇含 | 王亞軍 |
| 2011 | 二人轉 | 貴妃戲胡兒 | 吉林省第六屆二人轉·戲劇小品藝術節一等獎 | 付慶義 於佳慧 | 王亞軍 |
| 2011 | 二人轉 | 武則天 | 吉林省第五屆二人轉·戲劇小品藝術節一等獎 | 趙丹丹 付慶義 | 趙月正 |
| 2011 | 二人轉 | 畫中人 | 吉林省第五屆二人轉·戲劇小品藝術節二等獎 | 王麗麗 王國慶 | 陶秋然 |
| 2011 | 拉場戲 | 接爹 | 吉林省第五屆二人轉·戲劇小品藝術節二等獎 | 李 偉 甄海紅 | 張貴武 |
| 2013 | 二人轉 | 貴妃戲胡兒 | 吉林省第六屆二人轉·戲劇小品藝術節一等獎 | 付慶義 于佳慧 | 王亞軍 |
| 2013 | 二人轉 | 夜明珠 | 吉林省第六屆二人轉·戲劇小品藝術節二等獎 | 王國慶 甄海紅 | 趙小征 |

| 2013 | 二人轉 | 男人煩惱事 | 吉林省第六屆二人轉·戲劇小品藝術節二等獎 | 劉將軍　陳宇含 | 陶秋然 |
|---|---|---|---|---|---|
| 2013 | 二人轉 | 男人煩惱事 | 第二屆「岳池杯」全國曲藝之鄉邀請賽（金獎） | 劉將軍　陳宇含 | 陶秋然 |
| 2013 | 單出頭 | 嫦娥情 | 吉林省第六屆二人轉·戲劇小品藝術節二等獎 | 趙丹丹 | 趙小征 |
| 2013 | 拉場戲 | 鬥地主 | 吉林省第六屆二人轉·戲劇小品藝術節一等獎 | 李　偉　劉麗傑 | 張貴武 |
| 2013 | 小品 | 車站小夜曲 | 首屆東北三省農民曲藝節一等獎 | 李　偉　甄海紅 | 周志華 |

▲ 二人轉《夜明珠》劇照

# 吉劇創作演出基地的新貢獻
## ——梨樹大型滿族神話吉劇《狼妻》

二○一四年六月二十八日，經過反覆策劃論證、精心打造的大型滿族神話吉劇《狼妻》，終於在長春的舞台上正式亮相。這是梨樹縣地方戲曲劇團有限責任公司，繼二○一三年被省委宣傳部、省文化廳確定為「吉劇創作演出基地」後，為打造吉劇品牌所做出的一個重要貢獻。

梨樹縣地方戲曲劇團有限責任公司的前身梨樹縣吉劇團，上個世紀六○年代開始學演吉劇，主要劇目有《桃李梅》《愛與憎》《藍河怨》等。上個世紀七○年代以後，先後演出了《一把鑰匙》《一堂新課》《隊長不在家》等小型吉劇。一九八○年後，排演《桃李梅》《黃蓮花》《支農新歌》等劇目。其中《黃蓮花》在一九八一年吉林省吉劇匯演中獲二等獎。《晴雯傳》在一九八三年吉林省吉劇匯演中獲一等獎，並獲大會十七項獎勵中的十三項。

過去的成功演出為大型滿族神話吉劇《狼妻》的成功上演積累了寶貴的經驗，也打下了堅實的基礎。

《狼妻》以滿族神話傳說為題材創作而成，狼是滿族供奉的圖騰。全劇圍繞主人公（狼神）狼小芳為母報恩下嫁木阿楊這一故事線索展開了戲劇性的衝突，演繹了一段狼小芳與木阿楊淒美感人的人神愛情故事，揭示了「人神和睦相處共建家園」這一主題。這是劇作者美好的藝術願景，更是劇中人物高尚的精神追求。抑惡揚善是該戲的靈魂和立劇之本。《狼妻》正是以獨特的舞台敘事方式，倡導了人與自然的和諧之美。

幽默風趣的人狼對話「說媒」、滿族傳統婚俗「拜堂」、狼模人樣的「送親」、醉狼群舞的「顛轎」、牽魂動魄的「驚變」、催人淚下的「恨別」、載歌載舞的畫面等等，既是本劇的精彩看點，也是該劇獨特的藝術特色。

◆ 由梨樹縣地方戲曲劇團有限責任公司排演的大型滿族神話吉劇《狼妻》劇照

# 《四書類解》折射出的縣域文化底蘊
## ──梨樹文學創作

　　從二〇〇二年至二〇一一年，梨樹縣教育局退休幹部於文斌用十年的時間，撰寫了《論語類解》《孟子類解》《中庸類解》和《大學類解》四本書。該書緊緊結合和諧社會建設實際，以其獨特的編排方式和獨到的人生感悟，為弘揚中國傳統優秀文化獨闢蹊徑。《吉林日報》《四平日報》先後以《按義歸類　順理成章　立足時代　推陳出新》和《於文斌其人其書》為題，介紹了於文斌研究儒家典籍所取得的突出成果。

　　《四書類解》既是對《大學》《中庸》《論語》《孟子》四部儒家經典的重新梳理和解讀，也是對其價值的深入挖掘與探索。很多研究成果，及前人之所未及，道古人之所未道，填補了研究的空白，因此具有很高的學術價值。

　　《四書類解》的出版，得到了學術界的普遍關注與認可。其研究成果於二〇一二年十月，榮獲全國和諧德育研究與實驗總課題組和中國倫理學會德育專

▲ 梨樹文聯機關報《梨樹文學報》

▲ 吳海中小説集《人面桃花》　　　　　▲ 孫延來小説集《遠鄉》

業委員會頒發的「百部德育研究優秀成果」獎；其論著被全國大多數大專院校的圖書館所收藏，同時被《儒學中心電子報》列入《儒學研究新書提要》，被我國台灣學生書局網站列入我國台灣《經學研究論叢》，被家庭教育學習園網列入《推薦家長讀書書目》等；於文斌本人也先後受邀到吉林大學、廣州大學

▲ 梨樹縣作者近年來出版的部分散文集

做專題學術演講。

於文斌《四書類解》的出版及影響，既是梨樹文化研究、文學創作成果的一個重要標誌，也是梨樹深厚文化、文學底蘊的一種反映與折射。一直以來，梨樹文化氛圍濃厚，文學創作繁榮，各類文學作品層出不窮。具體表現在以下幾個方面：

小說創作　上個世紀九〇年代至今，先後有孫延來中短篇小說集《鄉戀集》《遠鄉》，吳海中小說集《人面桃花》和李桂平的長篇小說《情殤》等出版。近年來，吳海中的中篇小說《第二十九個》《我們李橋人》先後被《小說

選刊》和《中篇小說選刊》等權威刊物所刊載。 張豔茹的中短篇小說先後被《佛山文藝》《鴨綠江》《小說林》《陝西文學》等刊物所刊載。另有楊子實、趙雅青的長篇小說被鳳凰網文學網站選用，影響廣泛。

散文創作　自上個世紀九〇年代以來，先後出版散文集三十多部。其中，包括於文斌的《論語類解》《孟子類解》《中庸類解》《大學類解》（合稱《四書類解》）和《莊子類解》，曹旭東的《活著的滋味》，王立森的《客自故鄉來》《糖槭樹紅高粱》，姜志勇的《燕泥集‧雜文時評選》《燕泥集‧報告文學通訊選》，賈洪濤的《凡人凡語》《隨心所語》，周寶文的《與誰共舞》《山水有約》《非常人物》《我行我述》《溪山入話》，李奔放的《遼水奔歌》《流年綺夢》《香瓜熟了》，宋揚的《指尖、文字、情感》，曹玉蓮的《對岸》，武書傑的《分明非夢亦非煙》，陳亞發的《真情實感》等。

地方戲創作　近年來，地方戲創作主要人員有趙月正、陶秋然、王亞軍等。趙月正創作的二人轉《香妃夢》，二〇一一年獲長白山文藝獎；陶秋然創作的《男人煩惱事》，獲「岳池杯」金獎；王亞軍創作了《百姓書記》《西施淚》《曹操與貂蟬》《貴妃戲胡兒》等二十多個劇目，並在吉林省專業匯演中屢獲大獎。其中，二人轉《百姓書記》二〇〇六年被專門選調到北京進行匯報演出，並在二〇一一年參加建黨九十週年演出中獲最佳劇目獎。

▲ 趙月正和王亞軍出版的個人戲劇作品選

# 小葫蘆上的大乾坤——戴守太的葫蘆畫

在民間，葫蘆是萬有的神物、吉祥的象徵。很多民族都有生於葫蘆的傳說，而道教更是把葫蘆當成寄託精神的「壺天」之境。在古代，在吉祥物上賦詩作畫，是人們喜聞樂見的形式。在葫蘆上刻畫和裝飾的藝術被稱為「葫藝」。據考證，葫蘆畫源於宋代，到了清朝康熙年間已很興盛。

作為自然的果瓜，葫蘆很小；但作為藝術與精神的載體，葫蘆的世界又很大。在梨樹，就有這樣一位在小葫蘆上描繪大乾坤的人，他就是葫蘆畫作者戴守太。

戴守太，現為吉林省老年書畫研究會會員，梨樹縣美術協會理事。九年前，他對葫蘆畫產生了濃厚的興趣，到目前已創作葫蘆畫作品一百餘幅。他的葫蘆畫，既有文人喜愛的國畫、書法、花鳥、人物，也有民間老百姓喜歡的祈求幸福美好的傳統圖案。在技法上，一掃大紅大綠的著色方法，給人以清新、自然、耳目一新的美感。為此，他的葫蘆畫，得到了美術專家的充分肯定，得到了老百姓的交口稱讚，也引起了媒體的普遍關注，被譽為「民間藝術奇葩」。

▲ 戴守太葫蘆畫作品（劉澤 攝）

▲ 戴守太葫蘆畫作品（劉澤 攝）

# 別開生面的「動物世界」
## ——崔存生仿真野生動物工藝品

▲ 實景仿真東北虎

「吉林省優秀民間藝術家」崔存生的家，位於梨樹縣郭家店鎮一個普通的大院裡。走進崔存生的工作室，就像是走進了一個鳶飛魚躍、兔走鷹翔、虎嘯狼奔的動物世界裡。據崔存生介紹，一次一個外國友人到訪他的工作室，推門走進屋子的一瞬間，不禁大叫一聲，然後奪門而逃。原來，這位外國友人把那些栩栩如生的仿真動物標本，當成了張牙舞爪的真傢伙。

崔存生，一九四八年出生，「存生工藝工作室」創始人，高級工藝美術師，吉林省優秀民間藝術家，吉林省收藏家協會會員，吉林省民間文藝家協會會員。他自上個世紀九十年代中期，開始製作仿真野生動物工藝品。

他製作的仿真野生動物有東北虎、美洲豹、非洲獅、黑熊、駝鹿等（包括全身、頭部和毛皮仿真）。仿真動物毛皮全部用牛、馬、羊等常見動物毛皮所替代，因成品效果栩栩如生，為業內人士所驚嘆。多年來，他所製作的仿真野生動物工藝品多達四○○○餘件，其產品獲得國家專利（國家知識產權局專利證書號：200420069925.3），並遠銷至丹麥、荷蘭、意大利、俄羅斯、新加坡、中國香港、中國台灣等十幾個國家和地區。

▲ 仿真張嘴虎頭

▲ 仿真閉嘴棕熊頭

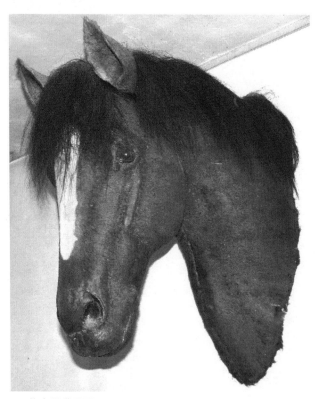

▲ 仿真閉嘴馬頭

# ▌「扎」進生活裡的美——榮華工藝笤帚

　　製作笤帚的過程，在東北農村被稱為「扎笤帚」。 笤帚，本是日常生活中的普通之物，但梨樹縣榮華工藝笤帚卻有著一種被「扎」進生活的別樣的美。榮華工藝笤帚，規格不同，形狀各異，有的玲瓏如葉，有的長似兵器，有的色彩繽紛，有的渾如璞玉。尤其是那些被裝進畫框裡的微縮品，加上「掃除一切煩惱，刷新美好生活」的註解與詮釋，就更使它散發出一種濃濃的文化氣息來。

　　榮華工藝笤帚的生產製作以梨樹縣榮華笤帚農民專業合作社為龍頭。合作社的領軍人物為理事長榮鳳鳴。1982 年，榮鳳鳴承接自清朝祖上傳下來的編紮笤帚的技術，開始從事笤帚生產，是梨樹現代工藝笤帚的創始人。

　　2001 年、2002 年，榮鳳鳴連續被梨樹縣人民政府評為「笤帚加工大王」，2004 年被梨樹縣人民政府評為「農民致富標兵」。 2005 年，他創辦了梨樹縣榮華笤帚農民專業合作社，2006 年該合作社被評為省級農民專業合作社組織

▲ 榮華笤帚農民專業合作社生產的工藝笤帚（周寶文 攝）

試點先進單位，2007 年被縣委、政府評為優秀農民專業合作社，2008 年被省農委評為省級示範社，2010 年被國家農業部、文化部評為一村一品優秀項目。2007 年，榮鳳鳴個人榮獲「最佳創業帶頭人」稱號。

該合作社現有社員四十人，占地面積 3000 平方米，建築面積 950 平方米，固定資產 150 萬。為了加強市場化運作，提高產品競爭力，榮華笤帚農民專業合作社成員不斷自主創新，研發新產品，打造新品牌。2009 年，合作社註冊了自己的品牌商標「藝祥運」。現在他們不僅能生產出城鄉居民日常生活必須的大、小笤帚，還能把笤帚做成帶有濃郁東北特色和民族文化的工藝品，用笤帚來生動、具體、形象、逼真地體現深刻的文化內涵。現已開發出六大系列、十九個品種的禮品笤帚，年生產工藝及實用型笤帚三十萬把，年銷售額 500 萬元，產品銷往全國各地，並且走出國門，實現了產、供、銷一條龍。

2012 年，梨樹縣榮華笤帚農民專業合作社的產品獲省旅遊商品大賽二等獎；2013 年，獲國家旅遊商品大賽二等獎。

# 開在「古藝軒」的民間藝術奇葩
## ──薛冰木雕工藝品

　　木，乃「五行」之一，自然界常見之物，是被人類最早利用的生產生活要素之一。木，用於雕刻可以一直追溯到原始社會時期，以後漸次演進，代有發展，日臻成熟，最終成為一種日用裝飾、人類審美不可替代的文化產品。

　　目前，梨樹縣的木雕工藝品生產，以梨樹縣古藝軒木雕文化有限公司總經理、梨樹縣美術家協會理事薛冰為龍頭。

　　薛冰是萬發鎮農民，於二〇〇一年開始從事木雕工藝品的加工製作。隨著銷路逐漸打開，個人的手工生產已經滿足不了需要，於是他開始培訓身邊有興趣的農民開展木雕工藝品生產。起初只有十幾位農民，二〇一三年在他的帶動下，接受木雕培訓的農戶已經增至一三〇多戶，覆蓋範圍達到了方圓四五十里的村鎮。二〇〇三年，他投資三十多萬元興建了廠房，之後不斷擴大生產規模，二〇一三年四月正式註冊「梨樹縣古藝軒木雕文化有限公司」。通過多年的實踐探索，他將木雕、油畫、國畫及相關的藝術門類有機結合在一起，創造了獨樹一幟的「農民木雕油畫」這一新、奇、特的藝術種類，深受業界和客戶好評。

▲ 薛冰木雕畫《盛世中華》（周寶文 攝）

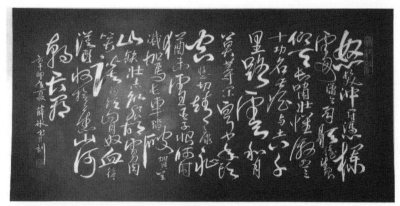

▲ 薛冰木雕書法作品《滿江紅》（周寶文 攝）

　　古藝軒木雕文化有限公司，現在年可生產各類小型手工藝品十五萬件，大型藝術作品為二十件左右，年產值三十至五十萬元。產品大部分出口，少部分內銷，遍布全國主要城市。

　　二〇一二年二月，《城市晚報》以「農民坐在家中賺外匯」為題，吉林衛視《新聞參考》以「走出國門的彈弓」為題，二〇一三年吉林衛視《新聞聯播》以「一位木雕藝人的創業之夢」為題，先後報導了薛冰帶領村民致富、就業、普及傳統藝術的事蹟。現在他所從事的木雕工藝品產業已被縣文廣新局列為重點扶持項目。

▲ 薛冰木雕作品（周寶文 攝）

# 鋼筋水泥鑄就的別樣生動
## ——魏明義水泥雕塑作品

　　近年來，隨著城市建設方興未艾，水泥雕塑被廣泛應用於各種廣場、公園、主題場所等大型的雕塑構建中。

　　水泥雕塑又稱混凝土雕塑。其通常做法為事先搭建好鋼筋結構，然後由泥材料塑造出相應的形態，待泥塑稿製作完成後，再翻製外模並使用石膏加固，最後灌入混合水泥漿體與鋼筋構架相融合，借此鑄型並最後完成細節的刻畫雕琢。水泥雕塑的最大特點是，硬化後的成品堅不可摧。

▼ 魏明義水泥雕塑作品之一

梨樹縣水泥雕塑的領軍人物是十家堡鎮營城子村一組農民魏明義。魏明義自幼愛好美術，一九八〇年進入王志晨老師的美術專修班學習，結業後從事美術、雕塑及一些民間藝術品的生產，一九九四年開始創作水泥藝術品，二〇一一年六月成為吉林省工藝美術協會會員。

近年來，他創作了眾多的園林及公共場所水泥雕塑作品。主要代表作有：《少先隊員》《白衣天使》《紅白花種牛》《勁牛》《鷹》《孔雀》《大象》《奶牛》《榕樹》《過山梁》《仿真石木》《吉祥如意象》《標誌石》《生態園石木仿生》等。魏明義現有名為「華藝雕塑」的藝術團隊十餘人，年生產力依社會需求不定。其代表作《奶牛》一件作品就價值三萬餘元。

▼ 魏明義水泥雕塑作品之二

# 中國書協會員的聚集效應
## ──梨樹精品書法藝術

梨樹全縣現有縣級以上書法家協會會員一百多人,其中中國書法家協會會員七人,省級書法家協會會員二十四人,這在全省縣(市、區)域整體實力中是位次靠前的。梨樹中國書法家協會會員這種群體性成長的聚集效應,一方面反映了梨樹書法文化氛圍的濃厚,另一方面造就了梨樹縣域書法精品創作的可能和必然。自二〇一〇年「梨樹縣書法家協會」更名成立以來,梨樹書法創作、交流活動日趨活躍,先後舉辦了四屆「梨樹縣書法精品展」,出版《梨樹書法精品集》三卷。

在梨樹縣書法家中,表現出雄厚實力並創作出有影響書法作品的作者有:

周雲芳(梨樹籍),中國書法家協會會員,出版有《周雲芳書法藝術》和《滕王閣序長卷冊頁》等書籍;李俊和,中國書法家協會會員,先後出版了

▲ 清華大學校長陳吉寧、中國楹聯學會會長孟繁錦看望在「清華書法高研班」學習的梨樹學員(白石 提供)

《鋼筆楷書速成導學》《李俊和獲獎詩聯墨跡選》《勘修堂實用楹聯大觀》等著作；白石，中國書法家協會會員、梨樹縣書法家協會主席，其書法作品及傳略被收入《中國當代青年書法家詞典》《中日硬筆書法名家大詞典》《中國當代藝術界名人錄》等辭書；陳亞發，中國現代青年書畫家協會理事、中國硬筆書法協會 A 級理

▲ 梨樹縣書法家協會出版的三部書法精品集

事兼教育培訓委員會委員，出版了個人書法集《鄉情墨趣》；劉桐，中國書法家協會會員，書法作品曾入展第八屆全國書法篆刻展、全國首屆公務員書法展、全國第三屆扇面書法藝術展等展覽；劉彥明，中國書法家協會會員，書法作品先後入展全國第八屆書法篆刻大展、國際書法篆刻大展、全國第四屆正書大展、全國第九屆書法篆刻大展；孫礪華，吉林省書法家協會會員，書法作品曾獲全國首屆篆刻藝術大展賽優秀獎，「愛我家鄉」全國書畫大賽三等獎，併入編《當代硬筆書法家辭林》《吉林省好太王碑書法邀請展作品集》；于曉峰，吉林省書法協會會員，書法作品分別入展《書法導報》國際書法篆刻年展、全國書法藝術大賽「冼夫人獎」、全國第二屆草書藝術大展等；楊子實，中國硬筆書法協會會員，出版書法作品集多部，其中由廣西師範大學出版社出版的「簽字筆寫好字」系列書法字帖（共 12 本）由全國新華書店發行，其書寫製作的行楷字體被北大方正電子有限公司收入方正字庫，並以「方正字跡——子實行楷簡體」名稱公開發布；彭景東，中國書法家協會會員，書法作品入展中國書法家協會主辦的全國第九屆書法篆刻展覽，並被四平戰役紀念館收藏；王春山，中國書法家協會會員，作品參加全國第二屆行草書大展、全國第八屆書

法篆刻展、冼夫人獎全國書法大展、全國首屆手卷書法展（特邀）等，作品入展多部作品集並被多家專業機構收藏，二〇一三年出版了《中國當代書畫名家迎二〇一三法蘭克福書展系列叢書──王春山》一書。

二〇一一年，「梨樹縣老年書畫研究會」成立。該研究會現已發展會員一八三人，各種書法美術研討、筆會、參觀、展覽、交流等活動十分活躍，共出版會刊《老年書畫報》二十四期，凝聚了一大批梨樹書法、美術創作的骨幹力量，有力推動了全縣的書法、美術創作。

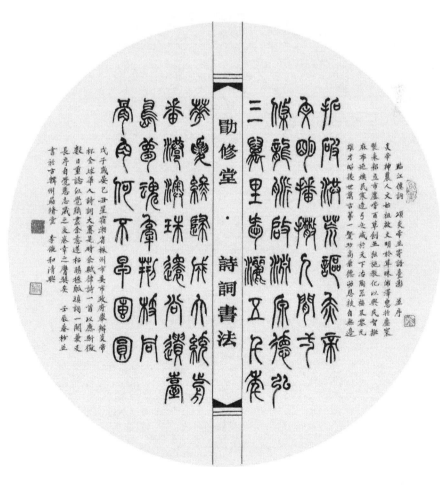

▲ 李俊和書法作品

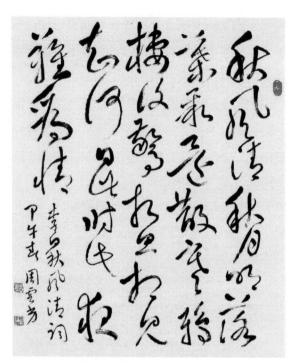

▲ 周雲芳書法作品〔書李白《秋風清》詞〕

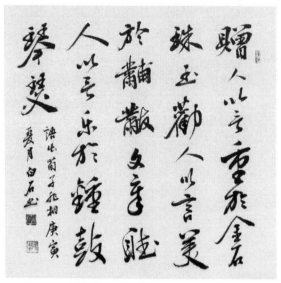

▲ 梨樹書法家協會主席白石書法作品

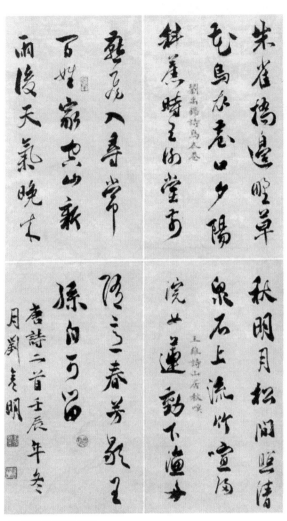

▲ 劉彥明書法作品

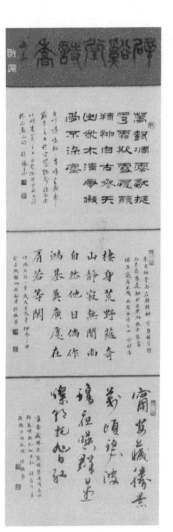

▲ 孫礦華書法作品

▲ 陳亞發書法作品

▲ 楊子實「簽字筆寫好字」系列叢書之一

▲ 楊子實「簽字筆寫好字」系列字帖內頁

▲ 劉桐書法作品　　　　▲ 于曉峰書法作品

▲ 彭景東被收入《梨樹縣第三屆
　書法精品展作品集》中的作品

▲《中國當代書畫名家迎2013法蘭克福
　書展系列叢書・王春山 卷

▲ 王春山書法作品

北國風光，千里冰封，萬里雪飄。望長城內外，惟餘莽莽；大河上下，頓失滔滔。山舞銀蛇，原馳蠟象，欲與天公試比高。須晴日，看紅裝素裹，分外妖嬈。江山如此多嬌，引無數英雄競折腰。惜秦皇漢武，略輸文采；唐宗宋祖，稍遜風騷。一代天驕，成吉思汗，只識彎弓射大雕。俱往矣，數風流人物，還看今朝。

敬錄毛澤東詞沁園春雪 壬辰大暑向方書於梨樹州

▲ 老年書畫研究會副會長任向方書法作品

君不見黃河之水天上來，奔流到海不復回。君不見高堂明鏡悲白髮，朝如青絲暮成雪。人生得意須盡歡，莫使金樽空對月。天生我才必有用，千金散盡還復來。烹羊宰牛且為樂，會須一飲三百杯。岑夫子，丹丘生，將進酒，杯莫停。與君歌一曲，請君為我傾耳聽。鐘鼓饌玉不足貴，但願長醉不願醒。古來聖賢皆寂寞，惟有飲者留其名。陳王昔時宴平樂，斗酒十千恣歡謔。主人何為言少錢，徑須沽取對君酌。五花馬，千金裘，呼兒將出換美酒，與爾同銷萬古愁。

李白 將進酒 壬辰年秋月 王憲武書

▲ 老年書畫研究會秘書長王憲武書法作品

▲ 老年書畫研究會會刊《梨樹老年書畫》

# 鈐上《西泠印社》的印章
## ——梨樹草根篆刻藝術

　　梨樹篆刻，除縣內書法家中不乏兼能者外，較有成就的篆刻作者還有曹德奇、趙鴻石、趙劍文、鄭洪亮等。他們的共同特點是，藏身民間，自由職業，雖無知名頭銜，但篆刻技藝超群，其個人作品幾乎都在篆刻權威刊物《西泠印社》期刊上發表過。

　　曹德奇　其作品先後入選《中國當代書畫印精品集》《中國美術書法名人名作博覽》《20世紀國際現代書法篆刻作品薈萃》，已出版《曹氏印集》一部，其部分治印曾作為禮品贈送給海內外友人。二〇一三年，其女曹曉欣在父親去世三年後出版了父親的遺作《弟子規篆刻作品集》。

　　趙鴻石　他以刻印為業，所刻印章多達幾千件，其中不乏名人印鑑。其作品先後獲得全國「團結杯」書法展二等獎；中國鎮江中日書法展二等獎；中國

▲ 曹德奇《弟子規篆刻作品集》封面

▲ 曹德奇《弟子規篆刻作品集》內頁

▲ 曹德奇的《曹氏印集》封面

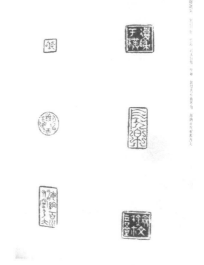

▲ 趙劍文被收入《吉林省第一屆篆刻藝術展覽作品集》中的印痕

長白山國際書法篆刻大賽一等獎；「懷素杯」全國書法展一等獎等。作品入選多部書法篆刻作品專集。

趙劍文　作品入展吉林省第一、二屆「篆刻藝術展覽」並編入作品集，入展「慶祝改革開放三十年吉林省書法大展」並編入作品集。篆刻作品曾發表於《西泠印社》社刊。

鄭洪亮　上中學時即對篆刻藝術表現出了濃厚的興趣，後師從魯峰老師學習治印，至今已創作篆刻作品一千餘件。二〇一三年，其篆刻作品在「癸巳春季雅集中國西泠網肖形印專題篆刻評展」中獲優秀獎，並被收入《西泠印社》社刊。二〇一四年，其所篆刻的十二枚作品又被製作成「建國65週年紀念郵票」全版張，並將於二〇一四年國慶前夕出版發行。

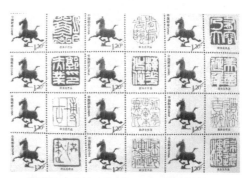

▲ 鄭洪亮入選建國65週年紀念郵票樣張

# 火在春節民俗裡的丹青——梨樹年畫

　　據梨樹年畫作者、當年曾任梨樹縣文化館館長的李寶祥介紹，梨樹年畫最火的時候，其作品一直是吉林、黑龍江等美術出版社的寵兒，屢屢入選，銷量巨大，印數最多時曾用火車整車批發往外地。

　　民間年畫是中國民間美術中較大的一個藝術門類，它從早期的自然崇拜和神祇信仰逐漸發展為驅邪納祥、祈福禳災和歡樂喜慶、裝飾美化環境的節日風俗活動，表達了民眾的思想情感和嚮往美好生活的願望。民間年畫歷史源遠流長，而且擁有大量的愛好者，曾經有過頗為興盛的發展。無論是題材內容、刻印技術，還是藝術風格，都具有自己鮮明的特色。它不僅對民間美術的其他門類曾產生深遠的影響，而且與其他繪畫相互融合成為一種成熟的畫種，具有雅俗共賞的特點。

▲ 李寶祥《鬧新春》（年畫）

▲ 李寶祥《金馬送寶》（年畫）

梨樹是農業大縣，民風民俗帶有濃郁的傳統色彩。與春節民俗息息相關的年畫，曾經是家家戶戶必備的年貨與最愛。應市場的旺盛需求，上個世紀八九十年代，梨樹年畫創作風生水起。縣文化館在全國十縣美術作品聯展中有五幅年畫和一幅國畫入圍參展；後又與四川省簡陽市聯合舉辦了農民畫聯展；一九八六至一九九三年，縣文化館美術工作者李寶祥、劉昌吉、劉忠禮、范恩樹、張繼元等人的年畫，先後被吉林省、黑龍江省等美術出版社出版，出版發行總量達到了九百餘萬份，同時在省以上屢獲獎項。

　　**李寶祥**　曾任縣文化館副館長，現為中國民間美術家協會會員，梨樹縣美術協會名譽主席，有三十五張年畫分別由吉林美術出版社和黑龍江美術出版社出版，多幅作品參加全國和省、市展覽並獲獎。其中，年畫《壯苗》在「當代詩聯書畫印影創作交流展示會」上獲繪畫銀獎，年畫《百鳥為鄰》參加吉林省民間美術作品展覽並獲二等獎。

　　**劉昌輯（吉）**　他在梨樹縣做群眾文化工作二十三年，一九八七年調到吉林師範大學美術學院任教，曾有多幅年畫出版發行。其國畫山水應邀參加全國當代書畫精品大聯展、全國第一屆當代山水畫邀請展等眾多大展並獲獎。

　　**范恩樹**　他多年來創作年畫五十多幅，分別由吉林、黑龍江、湖南美術出版社出版發行，並創作報刊插圖近二百幅、書刊封面設計二十餘幅。年畫《獻給老師》等二幅作品曾獲全國美術展一等獎。

▲ 劉昌吉
《放風箏》（年畫）

▲ 范恩樹
《獻給老師》（年畫）

# 漂洋過海的鄉土藝術──梨樹農民畫

梨樹農民畫是具有鮮明梨樹地域特色的民間文化產品。上個世紀八九十年代，梨樹農民畫創作達到了一個高峰。其中，尤以河山鄉農民畫最為引人注目。從一九八四年開始，河山鄉文化站站長焦正午，帶領自家成員九人，先後培養農民畫作者二十一人。在這三十一人當中，張繼元、張淑琨、柴守志、柴仁最為突出，被吉林省文化廳授予「農民藝術家」的稱號。他們先後創作民間繪畫五九四幅，有一八二幅參加市級展覽，二十五幅獲獎；九十三幅參加省級展覽，三十九幅獲獎；六十五幅參加全國大展，五幅獲獎；五十四幅民間繪畫在《農民日報》《吉林農民報》刊登。一九八八年，由焦鐵軍創作的農民畫《我剪飛船上月亮》、年畫《發福生財》等十七件作品赴加拿大展出。一九九一年，由焦正午創作的《田園》《魚水情深》，焦鐵軍創作的《我剪飛船上月亮》，李有生、柴仁創作的《瓜香滿地》《樓上樓》等三十一件作品赴日本展出。一九九一年，美國駐瀋陽領事館總領事陶醒龍先生專程來梨樹縣參觀河山鄉民間繪畫展覽，並對其發出了到瀋陽領事館去展出河山鄉繪畫作品的邀請。加拿大薩斯喀省里賈納大學藝術系羅傑理教授兩次參觀河山鄉農民繪畫展。一九九〇年八月吉林省文化廳命名河山鄉為「民間繪畫之鄉」；一九九一年六月，國家文化部命名梨樹縣為「中國現代民間繪畫之鄉」。

此後，由於種種原因河山鄉農民畫創作勢頭有所減弱，但農民畫創作的骨幹人員尤在，實力尤在。近年來，梨樹的農民畫雖然參加大展的頻率不高，獲大獎的作品有限，但當年實力雄厚的骨幹依舊默默堅持創作。現存有高質量農民畫二百餘幅。

最近，縣政協正式成立了書畫院，擬重點推動、扶持梨樹農民畫的創作生產，使之重拾往日輝煌，並把農民畫做成與市場接軌的具有梨樹地域特色的文化產業。

目前創作活躍並有高水準作品的作者主要有：

張繼元　吉林省民間藝術家，梨樹縣美術協會副主席。創作的作品《關東戲曲》，在一九九三年第五屆全國年畫作品展覽中榮獲三等獎。其農民畫先後到加拿大、日本等國家展出。《錦上添花》在加拿大展出中獲金獎，得到加拿大

▲ 張繼元《連年有餘》（年畫）　　▲ 張繼元《繡》

民間藝術專家羅傑理教授的好評，並被美國駐瀋陽領事館總領事陶醒龍先生收藏。

柴仁　吉林省農民藝術家，四平市工藝美術協會理事。一九八七年，其農民畫《樓上樓》《豐收》分別在吉林美展中入選；一九八八年，其作品《正月裡》在全國農民畫十縣聯展中榮獲優秀獎；一九九一年，其農民畫《正月裡》《冬儲》在「吉林關東熱鬧節」民間工藝美術作品展中獲一、二等獎，同年六月農民畫《家鄉的河》和《農家小院》被選入吉林省赴日本民間工藝美術作品展，其中《家鄉的河》被刊登在展會的請束上，同年八月《樓上樓》被選入赴加拿大友好展

▲ 柴仁《冬捕》

並榮獲金獎。一九九二年創立仁興美術班；一九九二年至一九九四年間，其畫作《恭喜發財》《金玉滿堂》《財神到家越過越發》《麒麟送子》《五穀豐登六業興旺》《年年有餘》等先後被吉林美術出版社出版；二〇一三年，其農民畫《豐收》入選吉林省農博會農民畫藝術作品展。

▲ 李有生《孵小雞》

李有生　一九九一年他有三幅作品參加吉林省赴日本民間美術作品展，另有兩幅年畫作品在吉林美術出版社出版。一九九三年農民畫《金秋唱晚》在全國現代民間繪畫畫鄉作品邀請展中榮獲三等獎；農民畫《春耕》在中國農民書畫展賽中獲優秀獎。一九九四年農民畫《孵小雞》在國際中華書畫攝影藝術大賽中獲優秀獎。二〇〇八年創作的布貼畫《龍騰盛世》贈送給了北京奧運會。

錢洪滿　他創作的農民畫曾為《少兒書畫報》所刊登，二〇一二年獲「華夏杯」全國青年書畫大賽青年組銀獎。二〇一三年八月，《鄉村四季樂》等五幅農民畫作品在吉林省農民畫藝術作品展（長春農博會）展出。

▲ 錢洪滿作品

# 化腐朽為神奇的技藝──梨樹根藝作品

　　相對於木材而言，樹根不過是廢棄的無用之物。但就在這些看似無用的朽木之中，往往隱藏著一種不被輕易發現的神奇造化。這種天然造化，一旦有幸被一雙藝術的慧眼所發現，被一雙文化的巧手所打磨，就會呈現出一種令人驚嘆的自然美。這種化腐朽為神奇的技藝，人們稱之為「根雕」或「根藝」。

　　根雕藝術講究「三分人工，七分天成」。按照這個審美標準來審視，梨樹的根藝作品不乏可登大雅之堂者。目前，梨樹創作活躍、作品上乘的根藝作者主要有王振成、劉起富、蓋國林、王煥民等。現存根藝精品約三百件左右。

　　**王振成**　梨樹從事根雕藝術較早的創作者。他的根藝作品，取法自然，渾然天成，生動逼真，形神畢肖。他在創作中，既善於觀察、長於發現，又精於剪裁、工於取捨。佳作一出，每每令人歎為觀止。其代表作品有《一展風采》《一步登天》《一枝獨秀》等。

　　**劉起富**　四平市收藏家協會會員，吉林市松花湖浪木根雕研究會會員。退休後，他醉心根藝、書法創作。二十多年來，創作的根雕作品達三百餘件。

▲ 王煥民的部分根雕作品

他善於學習，勤於鑽研，對根雕有獨到的見解，深窺根藝之堂奧。其根雕作品《雙鶴》獲二〇〇〇年四平市迎新春書畫展覽一等獎；《騰飛》獲二〇〇二年四平市迎新春書畫展覽一等獎，《荷塘殘葉》獲二等獎。

蓋國林　梨樹縣實驗小學美術教師，美術功底紮實，根藝創作勤奮，現為吉林市浪木根雕研究會會員。歷經十餘年的刻苦努力，他先後創作出《舞》《八仙過海》《騰飛》《壽星》《戀情》等各種根雕作品五百餘件。二〇〇三年，其作品《騰飛》作為禮品贈送給日本友人。

王煥民　痴迷根藝的自由職業者。木工出身的他嫻於雕琢，精於製作，其作品具有強烈的視覺衝擊力和獨特的民俗韻味。現存根藝作品五十餘件。

▲ 王振成《望》

▲ 王振成《獵》

▲ 王振成《狐狸》

# 遍生「轉鄉」的「車轆轤菜」
## ——民間二人轉演出

車前草，俗名車轆轤菜，山野之物，遍生鄉間，性極堅忍，生命頑強。在東北，人們每每把出身鄉土、遍及民間、生命力極強的二人轉稱為「車轆轤菜」。

▲ 梨樹縣業餘劇團演出《豬八戒拱地》（趙春江攝）

「寧捨一頓飯，不捨二人轉」。二人轉是農民朋友的最愛。隨著農村生活條件的逐步改善，人們對精神生活的追求開始變得越來越強烈。特別值得關注的是，農民朋友對於二人轉，如今早已不再滿足於被動的聽，而是主動參與的唱和演。於是，以農村文化大院為依託的民間二人轉小劇團應運而生。

近年來，農村二人轉小劇團如雨後春筍般湧現。調查表明，目前全縣共有農民業餘二人轉小劇團六十六個，民間二人轉藝人六八八人，年平均演出三百餘場。這些農民業餘劇團除農閒時廣泛活躍在全縣各鄉鎮外，還把演出的觸角和商業的品牌延伸到了外埠，進而形成了自己的文化產業。其中，孟家嶺鎮的周大臣劇團就把演出生意做到了深圳，每場四十分鐘的演出收入都在千元以上。僅這一個鎮的農民二人轉小劇團演出收入每年就高達五十萬元。

▲ 董孝芳老師親自任課

與此同時，由本縣著名二人轉老演員牽頭創辦的民間二人轉戲曲學校相繼建立。這其中，包括由著名二人轉表演藝術家董孝芳創辦的「北方二人轉學府」，由二人轉「轉星」陳淑新創辦的

▲ 趙本山和董孝芳學府的小學員們合影

▲ 董孝芳學府的學員小劇團

「樹新戲曲學校」和國家一級演員劉興玉創辦的「興玉二人轉藝術培訓中心」。

　　梨樹農村成人高等專科學校也採取合作辦學的方式，在戲曲表演專業的基礎上增設了二人轉演員中專班。這些戲曲學校招收的學員以縣內為主，同時輻射到了東北三省乃至全國。現已累計招收學員二○○○多人，有百餘名優秀學員先後走進上級專業劇團、兄弟縣市劇團和專業演出團體。

　　這些培訓團體，平時也會隨時參加一些商業和公益演出。僅二○一四年前五個月，興玉二人轉藝術培訓中心小劇團就已在北京平谷區和本縣演出二四○多場。

▲ 興玉二人轉藝術中心的學員組團參加演出

# 厚重的史冊
## ——梨樹出版的三部歷史文化圖書

　　文化需要積累和積澱，需要記錄與傳播。在今天這個異彩紛呈的多媒體時代，文化的記錄變得更方便、更快捷、更生動也更多樣。但在眾多的媒體中，作為傳統媒體的紙媒，以其閱讀方便、無需設備、便於收藏、傳之久遠等特點，依舊保持著它不可替代的優勢與價值，尤其是涉及歷史文化題材，傳統的圖書依舊是人們的首選。

　　近年來，梨樹出版的充分體現地域文化特色、全面反映梨樹歷史文化風貌的圖書主要有三部：一九九二年版的《梨樹縣志》、二〇一二年版的《梨樹縣志》和二〇一一年出版的《梨樹文史》。

### 一九九二年出版的《梨樹縣志》

　　該志由遼寧教育出版社於一九九二年十二月出版。全志計一六〇萬字，印數五千冊。

　　該志採用紀傳體。由概述、大事記、專志、附錄組成。全志共設三十七卷，一七四章，五七四節。

　　該志貫通古今，詳今略古。上限起於清光緒四年(1878)，下限截止於一九八五年。但為保持史實的連續性、完整性，部分內容作必要的上溯和下延。

　　在文體上，一律用規範的語體文。概述有敘有議，敘議結合；大事記、編年體和記事本末體相結合，以編年體為主，其餘均用記敘文體，只記事實，不作評述，寓觀點於史實之中；照片分散與集中相結合，以集中為主，圖、表隨文設置。

該部縣志曾被國家和吉林省相關部門授予大獎。其主編趙國春也被省地方志編委會評為「先進工作者」，並被編入《中國地方史志主編名錄》。

## 二〇一二年出版的《梨樹縣志》

該志由吉林人民出版社二〇一二年十月出版，印數一〇〇〇冊，總字數約八十萬字。

該志所記內容上限自一九八六年一月（1992 年版《梨樹縣志》下限），下限至二〇〇五年十二月末。採用述、記、志、傳、圖、表、錄志書體例，以志為主，隨文設表。遵循志書體例，按《國民經濟行業分類》和現實社會分工實際設計篇目。採用篇、章、節、目四級結構，橫分門類，縱述史實，橫不缺要項，豎不斷主線。全志三十三篇，一八三章，五九六節。

該志力求體現時代特色和地方特色，體現合理的領屬關係，體現記述內容的主次，體現事物發展的內在邏輯和歷史脈絡，結構上照應前志。除概述部分外，均採用記述體，述而不論。

## 二〇一一年出版的《梨樹文史》

該書由政協梨樹縣委員會於二〇一一年十月，以吉林省內部資料性出版物第 20110509 號出版。全書七十二萬字，印數二〇〇〇冊。

此前，政協梨樹縣委員會自一九八七年開始，先後編印了五輯《梨樹文史資料》，逾二十萬字。《梨樹文史資料》在存史、資政、團結、育人等方面發揮了重要的作用。二〇一一年，政協梨樹縣十二屆委員會主席辦公會議決定，對《梨樹文史資料》不再續編，而要對已行世的一至五輯《梨樹文史資料》進行重新整理校訂，並對近年收集的文史資料進行編輯，精印成《梨樹文史》

一書。

　　《梨樹文史》從建制沿革、風雨春秋、風雲人物、地方文化、古蹟文物等多方面展示了梨樹縣在社會歷史發展進程中各領域的真實變化，收集了許多鮮為人知的富有歷史和現實價值的珍貴資料。《梨樹文史》是一部極富珍藏和閱覽價值的梨樹史料集成。《梨樹文史》的編輯出版，旨在追憶歷史、記錄現實、展望未來的同時喚起社會各界及各階層的人們熱愛家鄉、建設家鄉、勇於為家鄉奉獻的更大的熱忱。

第六章 ———

# 文化風俗

梨樹的文化風俗,主要反映在生活習俗(服飾、飲食、居住、行路)、婚姻、
歌謠(民歌歌謠、童謠)、歇後語等方面。其中,起源於梨樹的特色美食——
李連貴大餅、黎明清酒等,都在梨樹的飲食文化上留下了膾炙人口的佳話。

# 生活習俗

## 服飾

漢族衣著　中華民國時期，農民穿著多是粗織大布，少數市布、花樣布料。樣式多是帶大襟上衣，長衫，長袍，免襠褲。夾棉一式布鞋、布襪。冬季穿棉襖外繫腰帶，褲下紮腿帶，下地勞動時，紮上襪苫，繫上布圍裙，外出會親友辦事罩上大布衫。顏色多是青藍色。冬季農民多穿皮靰鞡出外幹活，屋內穿布棉鞋；頭戴紫絨氈帽頭或狗皮帽子；手戴棉手悶子或狗皮套袖。城鎮居民多穿衣衫，地主富紳穿著綢緞，長袍馬褂、四季單夾棉皮鞋帽，衣著比較講究。

淪陷時期，一度配給農民「更生布」，粗如麻袋，一穿即破，偽公職人員，多穿協和服，皮鞋馬靴，戴戰鬥帽。

新中國成立後，服裝樣式，除農村中老人外，城鄉大體接近。衣料由市布花旗、線呢、嗶嘰、花達呢、燈芯絨、平絨，進而化纖、毛料等。一般樣式為制服式、中山裝、建設服，春秋季節，內穿線衣褲、絨衣褲，尼龍錦綸鞋，單夾棉膠鞋、皮鞋。「文革」時期青年男女喜穿綠軍裝，幹部多藍色制服，男女服飾特點相似。

改革開放後，人們穿著打扮日漸豐富，服飾樣式日新月異。男士一般著西裝、夾克衫、青年服、休閒裝、運動服、牛仔服；女士著休閒服、裙子、體型服、馬夾。夏季男士多為半袖衫、休閒褲；女士多為長短裙、八分褲、半袖衫、旗袍。冬季多穿羽絨服、棉呢皮大衣，內穿毛衣、保暖內衣等，富裕女士穿貂皮大衣。富裕人士及部分青年講究穿戴名牌。男士多穿皮鞋、旅遊鞋、運動鞋、布鞋，夏季多穿皮涼鞋、塑料涼鞋，冬季多穿棉皮鞋、皮靴、旅遊鞋。女性春秋著半高跟、高跟皮鞋，夏季著各式涼鞋，冬季穿高跟皮鞋、棉皮鞋、

高腰皮靴。春秋冬季，青年人一般不戴帽子，中老年人多戴棒球帽、禮帽，少數農村老年人戴制帽、皮帽。女士夏季多戴遮陽帽，冬季多戴毛線帽。

滿族衣著　男人自頭頂後半部留髮，束辮垂於腦後。由於射獵的需要，男子多穿馬蹄袖袍褂，袖口狹窄，上長下短，馬蹄袖口蓋在手背上。袍褂兩側開叉，腰束布帶，上繫小刀、箸等日用品。婦女在頭頂盤髻，佩戴耳環。幼年期間，因習騎射，頭髮與男孩相同，剃去四周髮，只留顱後髮，編結成辮，盤於腦後。已婚女子的髮束，稱髮型為「京頭」，又稱「兩把頭」。就是把頭髮束在頭頂，分成兩綹，在頭頂上梳成一個橫長式髮髻，再將後面的餘髮縮成一個燕尾式的扁髻壓在後脖領上。在滿族上層的婦女髮髻上，往往還戴有一頂形似扇形的冠，一般用青素緞或青絨做成，稱為「旗頭」。平民婦女結婚時也可以作為禮冠。婦女不纏足，穿繡花鞋，衣服長及足。貴族穿綢緞，平民穿布衣。旗人的衣著稱「旗裝」，俗稱「旗袍」。鄉間百姓一直至辛亥革命以後，男女老幼還都穿旗袍。比較講究的富裕人家，旗袍還分為長旗袍和短旗袍，一般穿上過膝長的旗袍後，上身還罩上一件短旗袍，俗稱「馬褂」。其實在農村常常管旗袍叫「大布衫」或「棉袍」。勞動人民穿旗袍腰間都紮一條帶子，幹活的時候把棉袍或大布衫披在腰帶子上。而女人旗袍在同漢族交往中，逐漸演變成各種各樣講究色彩和人體線條美觀的式樣。

朝鮮族衣著　喜愛白色，尤以老年為甚。男子上衣長，著肥襠褲，束腰帶，罩坎肩。女子上衣穿小短褂，長裙下襬寬闊，腳穿船形膠鞋。本地民族服裝多在節假喜慶日穿著，平素服飾與漢族相同。

## 飲食

漢族日常飲食　目前，城鄉居民主食以大米、小麥粉為主，高粱米、小米、豆類等雜糧次之。副食則以各種時令蔬菜為主，各種反季節蔬菜和各種肉、蛋、奶在普通居民餐桌上也已經非常普遍。副食春夏之際有羊角蔥、小蔥、小白菜、生菜、菠菜、韭菜、黃瓜、茄子、白瓜、辣椒、豆角、倭瓜等，

秋冬季節有土豆、大白菜、蘿蔔等。夏初，用黃豆製大醬，秋後醃製各式鹹菜；入冬，用大白菜醃酸菜。春、夏、秋三季一日三餐，冬季有少數人家一日二餐。親友登門、紅白喜事，多用大米白麵招待。逢年過節，淘黃米做豆包，做豆腐，殺年豬等。飲食加工：主食米飯類一般燜乾飯、撈乾飯和煮粥；麵食為蒸饅頭、花捲，烙餅，包餃子，切麵條，貼玉米麵大餅子。副食有生食涼菜、苣蕒菜蘸醬、小蔥蘸大醬等，熟食熬、燉、炒、煎菜。市場上，大米白麵、雞鴨魚肉、海鮮山珍、新鮮蔬菜等滿足供應。城鎮居民如遇喜慶之事或親朋好友聚會，則去飯館設宴招待。

滿族飲食特點　滿族人喜歡吃小米、黃米乾飯、黃米麵餑餑（豆包）和年糕。逢年過節吃餃子。每年除夕（舊曆）晚飯吃手扒肉。滿族人獨有的風味是白煮豬肉、烤豬肉、煮血腸，酸菜白肉等。也用燒、烤、涮等方法，火鍋即起源於滿族。滿族至清末不准殺狗吃狗肉。傳說：努爾哈赤自明總兵李成梁逃歸途中，藏在草堆裡，追兵縱火而去，有狗以身浸水滅火，努爾哈赤免於難，從而滿族對狗愛護備至。

朝鮮族日常飲食　以大米為主食，打糕、冷麵是其獨特食品。善醃製各種鹹菜，以辣椒為佐料，風味別具一格。

宴席食品　宴席有南北大菜，山珍海味和葷素之分，有海參、魚翅、猴頭、燕窩席，多聘烹調師製作，講究煎、炒、熘、炸，味道鮮美。農村昔日辦席多是八碟八碗或六碟六碗。以豬、雞、魚肉為主，配以乾豆腐、粉條、青菜、蛋類。舊時官吏豪紳請客或辦喜慶壽辰之事，都在家中置辦酒席請客。

## 附：起源於梨樹的特色美食——李連貴大餅

### 一、李氏自述李連貴大餅

據我（李勳）父親李廣德講，光緒十七年（1891 年），我大爺領著四個弟弟在買賣街（今梨樹鎮市場胡同裡）租了兩間土平房開燒餅鋪。本錢小，門市又破又舊，屋裡有三張舊桌，賣燒餅和粳米粥，副食有各種小菜。為了使做出

的燒餅不積壓，每天都沿街叫賣。哥兒幾個開的家眷鋪勤奮經營，顧客又多半是趕集的莊稼客，買賣也很興隆。經過兩年，我家又增添了燻肉和炒菜。那時商品競爭很激烈，為了使商品能在市場上站住腳，我大爺在燻肉上下了功夫。他一邊探索一邊試驗，經過一年多時間，燻出的肉，裡外透明，又不膩人，味道也好，所以在這一帶銷路很廣。我家的做法是：每逢冬季，頭一天先把豬肉發好，第二天洗得乾乾淨淨，一點毛茬都沒有，才下鍋。開鍋後把浮在湯上的沫子打淨，然後燒慢火，避免裡生外熟。然後加進姜、蔥、丁香、肉桂等 16 種材料。每次肉下多少，湯放多少，材料加多少都有一定數量。每逢使用一種新肉料，都經過長時間品嚐，經過顧客鑑定，才能繼續使用。每次煮完一鍋肉，肉湯都用細籮過幾遍，去掉湯裡雜質，一鍋肉湯長年使用，冷卻後凝結成清凍。煮出的肉不但色澤好，而且有一股特殊香味，這是李連貴燻肉大餅的前身。

　　我們家是我大爺當家，哥兒五個親自操作，對質量要求比較嚴格。從來不僱傭外人，買賣越做越興隆，家庭生活逐漸得到改善。家中經常用燻肉的湯油合成酥烙餅，感到味美，經過親友品嚐又把大餅拿到燒餅鋪出賣，很受顧客歡迎。這種有特殊風味的大餅，起初一鍋只烙一張，割成四塊，把燻肉切碎，夾在餅裡，吃起來更覺得可口。以後又加上大蔥和麵醬配成套，更感到味美。開始使用做燒餅的吊爐，燒木炭。由於客人增多又改用大型平鍋，每鍋烙四張，燒無煙煤。我二爺負責烙餅，非常注意看火頭，鍋下從不出賊火（紅火苗），大餅出鍋外焦裡嫩，現吃現做，從不摞成摞。在宣統年間，李家燒餅鋪改成大餅鋪。我大爺小名叫連貴，所以把商號改成「李連貴大餅鋪」。顧客越來越多，就把門市部搬到市場道東

▲ 起源於梨樹的特色美食——
李連貴大餅

五間大瓦房裡。經過幾年時間，商號已經遠近聞名，外地客人也來品嚐，每逢商號和官吏會客，都要在此設宴。中華民國末年的縣長包文俊和偽縣長辛廣瑞、商會會長陳香閣經常吃大餅，偽滿洲國交通部大臣張燕清和司法部大臣馬函清、瀋陽市的康旅長都親臨梨樹來吃我家的燻肉大餅。為了保證餅、肉質量，無論做餅的、煮肉的、跑堂的都由家人承擔，手藝不外傳。寧可叫客人等吃餅，也不能草率應付，從來不短斤少兩，偷工減料，始終按照我大爺李連貴的話做：「認可不賣，也不能把名聲賣丟了」；「認可賣乾粥少掙錢，也不賣稀粥一時多掙錢」。因此多年來座無虛席，天天有回頭客。

我大爺沒有兒子，他有九個侄兒，其中四個侄兒和三個孫子繼承了老一輩的傳統手藝。他們對下輩的要求比較嚴格，我從十四歲學徒，時常因為分量揪得不均勻，被我四大爺（李廣軍）和我父親用揪麵杖把胳膊打得青一塊紫一塊的。老一輩去世之後，一九四七年李堯（我二大爺的長子）去四平開設李連貴大餅鋪（梨樹分號），李堯聲望很高（後被選為省政協委員），其分號現尤其子李春林接班。一九五一年李英、李貴（二人皆為我三大爺之子）到瀋陽市小北門會蘭李胡同（即北市場）開設李連貴大餅鋪，現由李英之子李春生接班，擔任經理，市裡又給予二級廚師的職稱。我在縣飲食服務公司的領導下，在梨樹鎮李連貴大餅鋪當技術工人。算起來，李連貴大餅由開創到現在有一百多年歷史，如今仍然保留著傳統風味。

二、李連貴燻肉大餅的來歷

李連貴燻肉大餅，創始於吉林省梨樹縣，至今已有近百年的歷史。

▲ 李連貴熏肉大餅的風味在時光中傳承

李連貴祖居河北省灤縣柳莊。二十世紀初葉，李連貴為了躲避當地惡霸的閻王債，在一個漆黑的夜晚，和母親領著兩個親弟弟——廣恩、廣志，兩個叔伯弟弟廣居和廣德，告別了柳莊，闖關東來到了梨樹街，找到了要投奔的舅舅紀老二家。

李連貴哥兒幾個先是在街裡做點臨時工。過了幾個月，在買賣街租了兩間草房，開了個燒餅鋪。李連貴做的燒餅個頭大，分量足，有鹹淡，又便宜，加上人和氣，莊稼人趕集上街，都喜歡到他這吃幾個燒餅充飢。

草房燒餅小飯店，一天比一天紅火起來。李連貴不滿足，又開動腦筋把燒餅改成吊爐大餅，同時，開始經營燻肉。

心眼兒好使的李連貴來到梨樹第三個年頭的春天，搭救了一位被惡棍警察打傷的一位雙目失明的老人。原來這位老人是瀋陽附近有名的中醫叫高品之。為報搭救之情，高品之將自家祖傳的煮燻肉秘方悉數傳給了李連貴。李連貴按照老中醫的指點，反覆對比實驗，不知經過多少次嘗試，終於有一天他聞到了一股奇特的香味，他做的燻肉成功了！

這種燻肉一經銷售，立即轟動了買賣街，人們爭先購買品嚐。消息不脛而走，家喻戶曉。

燻肉有了，李連貴又研究出了用煮肉的老湯油和麵烙餅的技術。用這種方法烙出的大餅色澤金黃，外焦裡嫩，香酥可口，滋味清香，尤其搭配著燻肉吃，就更妙不可言。從此，李連貴獨具風味的燻肉大餅更加遠近聞名。他也正式掛出了「李連貴燻肉大餅」的牌子。

一九三六年夏，應兩個磕頭兄弟的邀請，李連貴來到通遼。在這裡，李連貴與蒙古族婦女劉秀芳結為夫妻。成家後的李連貴，根據通遼的實情，決定繼

▲ 李連貴燻肉大餅的燻肉色澤紅亮香氣馥郁

▲ 四平市李連貴風味大酒樓的燻肉大餅焦脆鮮香

▲ 早年梨樹的李連貴大餅店面

▲ 李連貴燻肉大餅不斷豐富的美食品種

續經營燒餅生意。他做的燒餅花樣繁多，風味獨特，很快成了通遼街裡的熱門貨。

李連貴來通遼，喜成婚配，一晃幾年，仍然無子。二弟李廣恩就把長子李堯過繼給了大哥。

一九四〇年是李連貴來到通遼落腳的第五個年頭。有一天，李連貴正在案上做活，突然喊腦袋疼，身上直冒冷汗，昏厥於地，不省人事。後經醫生確認為腦溢血，多方搶救無效，溘然長逝，年僅五十四歲。

一九四一年，即李連貴去世的第二年，李堯又回到生父李廣恩身邊，並與父親一起離開梨樹，在四平街道北市場租了五間門面的大瓦房，建立了四平街李連貴燻肉大餅鋪，店名「興盛厚」。

新中國成立後，李堯先後被選為四平市人大代表、政協委員和工商聯常委。李堯愛人王秀清已經是四平市李連貴燻肉大餅的主要技師，她應邀參加了全國工商業者家屬和女工商業者代表會議。

一九五九年，李堯以四平市政協委員的身分到北京參觀了十大建築。期間，李堯被特邀做李連貴燻肉大餅技術表演。中央領導熱情地接見他，並鼓勵說：「你要把祖傳的技藝傳給北京，傳給全國。」

一九五〇年，李堯讓他二兒子李春生把大餅鋪開到了瀋陽市中街。二十世紀六〇年代後，李春生開始接待來自全國各地的學員，把他祖傳的技術、經驗和藥料配方無私地傳授給大家。多年來，李春生培養的學員有五百多人。

李春生也經常被接到賓館的交際處、專家接待所大廈、華僑旅行社、遼寧賓館、遼寧大廈等處，給美國、德國、日本等外賓做李連貴燻肉大餅。

具有獨特風味的李連貴燻肉大餅，在二十世紀三〇年代始創於梨樹，李連貴的後人又相繼在四平、瀋陽開設分

▲ 李連貴熏肉大餅永恆的榮譽

店。一個世紀以來，李連貴燻肉大餅已傳播到大連、北京、天津、石家莊等大城市，成為獨具特色、堪稱一絕的風味食品。現在李連貴的曾孫李煜、李寶、李堅、李良等繼承祖業，代代相傳，枝繁葉茂，已成為李家獨特風味食品的繼承人。

李連貴，一個闖關東的貧苦農民，他是一個探索者、創造者。他雖然已經故去多年了，但是李連貴燻肉大餅的美名、芳香將永遠流傳！

菸、酒、茶　人們吸菸由來已久。過去，農民多吸旱煙，自種自用。青年人多用紙捲菸絲，老年人使用旱煙袋。男用煙袋桿短，別在腰間；女用煙袋桿長，常不離手。串門聊天邊說邊抽，甚或十幾歲姑娘也有抽菸嗜好。新中國成立後風尚轉變，多數姑娘不再抽菸，煙袋亦不多見。農村吸菸者多用紙捲菸絲，城鎮居民多抽菸卷。上個世紀八〇年代雖開始倡導戒菸，但菸民有增無減。多數吸菸卷，農村少部分人沿用紙卷菸，用煙袋者稀少。

朝鮮族有不在長輩面前吸菸和吸菸不借火的禮俗。

舊社會官吏富紳飲酒作樂，逢宴必備。城鄉居民，年節喜慶時飲酒助興。老年嗜酒者常沽酒自酌。新中國成立後人民生活富裕，各個年齡段的人飲酒者更多。清末時，多飲黃酒（糯米釀製）；中華民國初期開始，六十度高粱酒（白酒）逐步取代了黃酒；上個世紀五〇年代增加果酒；二十世紀六〇年代以後增加啤酒，但白酒仍不減少。一些民族皆愛飲白酒，尤以朝鮮族為最，幾乎人人嗜白酒。現在喜慶節日及待客必備酒水及飲料。酒水日趨多樣化，以白酒為主，兼備啤酒、葡萄酒。白酒的度數由過去的高度（60 度）改為低度（38 度左右）。

梨樹人民素有以茶待客之禮。舊時農民貧困，以自炒「糊米」代茶，今日城鄉居民雖未家家品茗，而以茶待客卻已成風。梨樹中南部喜飲花茶，為保健飲綠茶者漸多；西北部習慣飲紅茶。

## 附：梨樹縣特產——黎明清酒

一九三九年，葛興從日本留學回國，到長春任專賣總署署官，主管菸酒買賣。葛興經常到長春日本清酒廠去辦事，看出清酒對外出口有發展前途，他就決心研究釀造清酒。他賣了幾十坰地才把釀造的許可弄到手，然後辭官，在自家院內開辦釀酒作坊，以後把門市部搬到街內。為了純正清酒濃度和味道，他請來長春酒廠的日本人小邊當顧問。商號名稱是「黎明清酒釀造場」，經理是葛興的哥哥葛煜。作坊由家中人自己動手操作，葛興是技術員。技術不外傳，傳給兒子不傳給閨女。黎明清酒銷售很快，主要是賣給關東軍酒保商店，長春、公主嶺、四平的日本商店也賣一部分。每年櫻花會季節，郭家店北山上多數人暢飲黎明清酒。一般平民無心觀賞櫻花，也買不到黎明清酒。

黎明清酒是一種糯米酒，酒色淡黃，有光澤，透明度高，具有清酒特有的香味。其在原料上與其他清酒不同，以糯米為主，加上百分之五的小麥米（小麥磨掉皮）生產，方能做成酒母。把米麴黴做成米麴，然後把三種原料（糯

▲ 生產黎明清酒的水井（照片來源於《梨樹文史》）

米、大米、小麥米）煮成粥，加進酒母和米麴，放進大缸中攪拌均勻，再封缸發酵，掌握好溫度，十幾天後打開缸蓋，達到滿院芳香。把泔水一樣的酒倒進生絲袋裡，用過濾紙和藥棉過濾（壓榨），去掉酒糟，加進白糖，澄清後再經過高溫滅菌，才能裝瓶，密封之後無論溫度如何變化，保質期長。

黎明清酒是培養米麴與清酒酵母糖化發酵而製成，酒度為十六度左右，含糖百分之三，有光澤，無浮游物，味濃醇、芳香，有甜味，柔和而沒辛辣酒氣，營養豐富，提氣養補，增進食慾。日本前首相田中角榮訪問中國時，指名要喝梨樹縣的黎明清酒，可惜黎明清酒由於種種原因已經停產。

## 居住

**漢族住房**　上年世紀七〇年代前，農村住房多為土木結構。建築形式、質量，因自然、經濟條件而別。北部沙鹼平原區，以砂土打牆，構成間架四壁，安裝門窗、架、梁、檁、椽，鋪房笆，抹鹼土，築成土平房。中部、南部，多起脊草房，土坯壘牆，以草苫蓋，房架由梁、檁、椽木構成。富足人家，多修蓋五間或七間的三合院或四合院，少數牆貼磚面以草苫蓋，極少數蓋青磚瓦房。小戶人家及貧困戶，只蓋二間房或搭蓋矮小馬架房，更貧困者只能搭地窖子棲身。史料記載：中華民國二十年（1931 年），全縣有一點二一萬戶無房，占總戶百分之二十五。住房大都面朝南面，門開在中間或東間，呈東西屋或「口袋房」，長者居東間南炕。新中國成立後，建房增多，城鎮居民多住公房。一九七八年後，城鄉住房大有改善。城鎮建居民樓，農村改建磚瓦房，而且人均居住面積不斷增加，住房條件不斷改善，居室結構設計也更趨合理。城鎮居民樓實現了水、電、氣、暖、電話、有線電視的全入戶。

**滿族居室**　滿族的住房，多為草頂土房，門向南開，煙筒置房外，以木架支持，外抹泥巴。一般有二間正房，外屋是廚房，安置鍋灶，裡屋有南北炕還有西炕，不開北窗，在西牆開西窗和南窗，窗外糊紙。家中長輩多住北炕，小輩姑娘、媳婦住南炕，西炕一般不住人，除家長坐坐外，一般客人或晚輩是不

坐的，因為西牆上供奉「祖宗板」（西牆上置祭板，板上兩匣，一藏祭帳，一藏祖譜）。室內無桌椅，有炕桌，吃飯時圍桌盤膝坐在炕上。

朝鮮族居室　早年房呈方形，頂似涼亭，四角翹起，掛有風鈴。簷長，下有板台乘涼。室內全炕，設小間，裝拉門，廚房在後，有小門與主室相通。居住習慣，老人臨門，晚輩依次排住。子女成年後，均單居。亦有新建房，分裡外間，搭火炕，室內設計與漢族基本相同。

## 行路

清末民初，本縣交通工具落後，農民外出辦事皆步行，運物資靠大鐵車，日行多則幾十里。富戶外出騎馬，或者坐有篷「小車子」。冬季雪大坐「爬犁」。朝鮮族人出門趕集，男用背夾，女用頭頂盛器，步行或坐牛車。

中華民國後期，火車、汽車、馬車、自行車、花輪車、膠輪車出現，行路較前方便，但農村一般以步行為主。上個世紀五十年代，乘公共汽車者逐漸增加，農民多乘坐膠輪大車。二十世紀六〇年代，各公社有了拖拉機也可載人，自行車增加較快。二十世紀七〇年代，公共客車通行到各鄉鎮。二十世紀八〇年代，自行車已是城鄉人民主要代步工具，大小客運汽車日間往返。現在，城鎮私家車普及率逐年提高，農村以摩托車、農用車、轎車代步的現像已經十分普遍，隨著道路「村村通」工程的普及，每個村屯每天都有數趟公共汽車往返城鎮與農村之間。長途旅行除傳統意義上的汽車、火車、輪船外，高鐵、動車、高速大巴、民航航班也都走進了尋常百姓的生活之中，出行的快捷度、舒適度也遠非十幾年前可比。

# 婚姻

各族人民婚禮習俗，昔日各有差異。

漢族　昔日由父母包辦婚姻，憑媒妁之言。婚姻締結，要經六禮：問名、換貼、通信、納采、請期、親迎（多用於官紳書香之家）。後演變為：提媒、合婚、相門戶、換盅、通信過大禮、婚娶。娶親操辦三天，新娘坐花轎或轎車。拜過天地即被公認合法婚姻。新中國成立後，廢除包辦買賣婚姻，實行婚姻自主，夫妻平等，受法律保護。城鎮男女青年，自由戀愛，或經人介紹，雙方相處到感情融洽，情投意合，按《婚姻法》規定年齡，到政府登記，領取結婚證書即為合法婚姻。婚前籌備新房、家具，擇吉日舉行婚禮。儀式由司儀人主持，程序是：主、證婚人講話，宣讀結婚證書、互相敬禮、交換飾物、來賓賀詞等。設宴或以菸酒糖茶招待親朋，也有集體婚禮或旅行結婚。

農村訂婚多經媒人介紹，男女雙方同父母互相「相門戶」，商定「彩禮」，照訂婚像，過彩禮，商訂婚期，娶親或送親。娶親，男方接新娘放鞭炮，新娘登高粱口袋下車謂「步步登高」，入新房上炕坐斧（意為「福」），下炕後開席，先宴女方親友，女方代表贈廚師「管飯錢」。返回時，給女家帶回「離娘肉」一塊，酒一壺，粉條四綹。婚後三、五、七天回門不等。在娘家住一宿，逢雙日返回婆家，帶回粉條兩綹，將原酒壺灌滿水帶回，倒入水缸內謂「細水長流」。

滿族　舊時訂婚先請算命先生「合婚、看屬相」，相合者女方到男家「相門戶」放定禮，男到女家磕頭拜岳父母，送聘禮。結婚時近途花轎迎娶，遠途五更時分雙方發車，送親車與迎親車在中途相遇時換車。送親者數人騎馬先行，至男家門前下馬喝「下馬酒」三杯。轎至男家，新郎張弓虛射三箭「除邪」。新娘下轎「拜北斗」成婚，「拜天地」後要在南炕上坐帳三刻，稱為「坐福」。女方親朋宴後告辭，新郎立門前每人敬酒三杯，稱「上馬酒」。晚間在

地上放一張桌子，桌上放兩個酒壺和酒盅，新郎和新娘攜手繞桌三圈後飲酒。桌上點一對蠟燭，通宵不熄。屋外一人或數人唱喜歌，俗稱「拉空家」。有的人用黑豆往新房裡撒，熱鬧一二小時才自散，即「鬧洞房」。結婚三日後回娘家（俗稱回門）。

蒙古族　先經媒人介紹訂婚，男至女家跪佛像前獻「哈達」。女方如接受，婚約訂成。男方以牛、馬、農物為定禮。婚前一日，男佩刀與親朋至女家迎親，仍獻「哈達」。次日宴畢攜新娘回家，同至佛像前交拜成婚。

朝鮮族　訂婚時不要彩禮，雙方同意後先「會親家」，在女家書寫男女生辰年月分存為憑。女方自備嫁妝，男方如富有可經媒人轉送。女方為新郎特製服裝一套，並準備送公婆兄嫂禮物。婚禮在女家舉行，新郎新娘皆穿民族服飾，由「陪郎」「陪婦」相伴，按民族儀式和飲食方法，相互磕頭、飲酒。設簡席，放大桌，席間有猜謎、行酒令、出題發問等方法考察新郎智慧的習俗。大桌食品禁食，準備帶回給父母。親友進便宴，歡歌載舞。至午，新郎新娘入洞房，拜別女家後返回男家。男家以同樣飲宴形式招待新娘和親友。婚後三天回門。

各民族間禁止通婚舊俗已被破除，漢族與少數民族之間，少數民族之間都可以通婚。

# 歌謠

## 民歌民謠

### 1.繡耳包

姐兒房中好心焦，忽聽情郎要耳包，

可把小妹急壞了。回身打開描金櫃，

拿出樣彩仔細瞧，挑出一副好耳包。

上繡山來下繡水，當間繡棵小艾蒿，

綠豆蟈蟈上邊叫，銀線繡來金線挑，

外邊繡花裡黏毛，情哥戴上凍不著。

註：中華民國後期流行本縣。

### 2.逃荒

叫聲我的爹，叫聲我的娘，

孩兒生世上，誰都比我強，

手拿打狗棒，嘴叫大爺、娘，

三頓沒吃飯，賙濟把我幫。

低頭來思想，家中無有糧，

無奈要離鄉，自己去逃荒。

東家半碗飯，西家一碗湯，

回到大廟堂，兩眼淚汪汪。

灑淚別親人，關上兩扇門，

茫茫大路前，來到一鄉村。

要想不要飯，跟著八路幹，

打倒反動派，窮人坐江山。

## 3.翻身歌

窮人要翻身，全體一條心，

打倒地主省他剝削人，咱們解解恨，

老鄉們哪，窮人解解恨。

站崗來放哨，檢查路行人，

檢查走狗壞蛋們，他們壞良心，

老鄉們哪，他們都壞了良心。

勒死他的狗，殺了他的雞，

地主威風給他打下去，窮人笑嘻嘻，

老鄉們哪，咱們窮人笑嘻嘻。

全體開大會，男女都參加，

鬥得地主像地瓜，咱們窮人笑哈哈，

老鄉們哪，咱們窮人笑哈哈。

分了他的地，分了他的房，

分了他的騾和馬，這才理應當，

老鄉們哪，這才理應當。

咱們住上房，讓他住下房，

苦楚讓他嘗一嘗，咱們窮人心敞亮，

老鄉們哪，咱們窮人心敞亮。

革命成了功，感謝毛澤東，

他是人民大救星，拉咱窮人出火坑，

老鄉們哪，拉咱窮人出火坑。

日子舒了心，莫忘打井人，

響應號召青年去參軍，保家衛國儘力又盡心，

老鄉們哪，保家衛國儘力又盡心。

## 4.二十四節氣歌

打春陽氣轉，雨水沿河邊；

驚蟄烏鴉叫，春分地皮乾；

清明忙種麥，穀雨種大田。

立夏鵝毛住，小滿雀來全；

芒種開了鏟，夏至不拿棉；

小暑不算熱，大暑三伏天。

立秋忙打靛，處暑動刀鐮，

自露煙上架，秋分無生田。

寒露不算冷，霜降變了天。

立冬交十月，小雪地封嚴；

大雪河汊上，冬至不行船；

小寒大寒，又是一年。

## 童謠

### 1.拉大鋸

扯大鋸，拉大鋸，姥家門口唱大戲；

接閨女，喚女婿，小外孫也要去；

沒啥吃，直耍驢，姥姥給個大鴨梨。

### 2.小雞咯嗒

小雞咯嗒，要吃黃瓜，

黃瓜留種，要吃油餅，

油餅有麵，要吃雞蛋，

雞蛋糊嘴，要吃牛腿，

牛腿有毛，要吃仙桃，

仙桃有尖，要吃狗肝，

狗肝有血，要吃老鱉，

老鱉告狀，先到和尚，

和尚唸經，唸到三星，

三星八卦，夢到蛤蟆，

蛤蟆鳧水，夢著敬得，

敬得把門，夢著夫人，

夫人切菜，切得小雞咯嗒快。

3.拍手歌

你拍一，我拍一，黃雀落在大門西。

你拍二，我拍二，黃豆芽來綠豆瓣。

你拍三，我拍三，老爺廟前立旗杆。

你拍四，我拍四，四四方方寫大字。

你拍五，我拍五，又吹喇叭又打鼓。

你拍六，我拍六，六碗包子六碗肉。

你拍七，我拍七，七個小孩去騎驢。

你拍八，我拍八，八人八馬往外發。

你拍九，我拍九，九雙胳膊九雙手。

你拍十，我拍十，十個老頭去趕集。

4.賣鎖歌

數名兒童分甲乙兩排，手拉手對面站立，每排領隊對話：

甲：賣鎖啦！

乙：什麼鎖？

甲：金剛打把琉琉鎖。

乙：什麼開？

甲：鑰匙開。

乙：開不開。

甲：鐵棍打。

乙：打不開。

甲：石頭砸。

乙：砸不開。

甲：你家大門幾丈幾？

乙：三丈三。

甲：讓我們鑽一鑽。

乙：你要誰？

甲：要紅纓。

乙：紅纓不在家。

甲：要你親哥仨。

乙：親哥仨做買賣。

甲：要你家少奶奶。

乙方向甲方任意兩人手拉手的一環撞，連撞三次，撞開領回一人；撞不開，他就被留在甲隊。

## 5.小寶寶要睡覺

小寶寶，要睡覺，你別哭，也別鬧，

媽媽拍，唱歌謠，「大花鞋」，呱呱叫，

小蝌蚪，頂草帽，拖著尾巴找啊找，

媽媽媽，你在哪？「大花鞋」啊呱呱叫，

找到媽，媽睡覺。

小寶寶，要睡覺，一對燕子喳喳叫，

小燕子張嘴要，黃嘴丫子沒退掉，

媽媽媽，我餓了，燕媽媽唧唧叫，

小燕吃飽睡著了。

# 歇後語

禿頭上的蝨子——明擺著。

關門打瞎子——沒冒。

快刀打豆腐——四面見光。

掌鞋不用錐子——真（針）行。

破草帽子——賽（曬）臉。

葫蘆頭子掉井——不趁（沉）。

馬尾穿豆腐——提不起來。

豆腐掉灰堆——吹打不得。

耗子給貓挀鬍子——溜鬚不顧命。

搋麵杖吹火——一竅不通。

羊肉包子打狗——有去路沒回路。

嗑瓜子出臭蟲——啥人（仁）都有。

做夢娶媳婦——淨想好事。

鼻眼插蔥芯——裝相（象）。

癩蛤蟆打蒼蠅——將供嘴。

黃鼠狼給雞拜年——沒安好心。

豬八戒敗陣——倒打（搭）一耙。

一張紙畫個鼻子——好大個臉。

腳上泡——自己走的。

兔子尾巴——長不了。

耗子拉木鍁——大頭在後面。

窗戶眼吹喇叭——名（鳴）聲在外。

車道溝泥鰍——翻不起大浪。

茶壺煮餃子——有嘴倒不出來。

啞巴吃黃連——有苦難分訴。

吹喇叭揚脖——起高調。

狗咬耗子——多管閒事。

王八吃秤砣——鐵心了。

木頭眼鏡——看不透。

小蔥拌豆腐——一清（青）二白。

砂鍋子搗蒜——一錘子買賣。

牛犢子撲螞蚱——有勁使不上。

黑瞎子打立正——一手遮天。

豁牙子啃西瓜——淨道兒。

火燒雲不叫火燒雲——添（天）美。

一人一把號——各吹各的調。

十五隻吊桶打水——七上八下。

入秋的高粱——老來紅。

大姑娘上轎——頭一回。

丈二和尚——摸不著頭腦。

門縫裡瞧人——把人看扁了。

王母娘娘蟠桃會——聚精會神。

月亮跟著日頭走——借光。

水中撈月——一場空。

出頭的椽子——先爛。

半道上撿喇叭——有吹的了。

老虎屁股——摸不得。

老鼠進書房——咬文嚼字。

老鼠爬香爐——碰一鼻子灰。

過河的卒子——死不回頭。

吉林文庫 A0703A05

# 文化吉林：梨樹卷

| | |
|---|---|
| 主　　編 | 莊　嚴 |
| 版權策畫 | 李　鋒 |
| 責任編輯 | 林以邠 |

| | |
|---|---|
| 發 行 人 | 陳滿銘 |
| 總 經 理 | 梁錦興 |
| 總 編 輯 | 陳滿銘 |
| 副總編輯 | 張晏瑞 |
| 編 輯 所 | 萬卷樓圖書股份有限公司 |
| 排　　版 | 菩薩蠻數位文化有限公司 |
| 印　　刷 | 維中科技有限公司 |
| 封面設計 | 菩薩蠻數位文化有限公司 |

出　　版　昌明文化有限公司

桃園市龜山區中原街 32 號

電話 (02)23216565

發　　行　萬卷樓圖書股份有限公司

臺北市羅斯福路二段 41 號 6 樓之 3

電話 (02)23216565

傳真 (02)23218698

電郵 SERVICE@WANJUAN.COM.TW

大陸經銷　廈門外圖臺灣書店有限公司

　　電郵 JKB188@188.COM

**ISBN 978-986-496-245-7**

2018 年 1 月初版

定價：新臺幣 400 元

如何購買本書：

1. 轉帳購書，請透過以下帳戶

　　合作金庫銀行　古亭分行

　　戶名：萬卷樓圖書股份有限公司

　　帳號：0877717092596

2. 網路購書，請透過萬卷樓網站

　　網址 WWW.WANJUAN.COM.TW

大量購書，請直接聯繫我們，將有專人為您

服務。客服：(02)23216565 分機 610

如有缺頁、破損或裝訂錯誤，請寄回更換

**版權所有·翻印必究**

Copyright©2016 by WanJuanLou Books CO., Ltd.

All Right Reserved　　　　**Printed in Taiwan**

**國家圖書館出版品預行編目資料**

文化吉林. 梨樹卷 / 莊嚴主編. -- 初版. -- 桃
園市：昌明文化出版；臺北市：萬卷樓發
行, 2018.01

　　冊；　　公分

ISBN 978-986-496-245-7(平裝). --

1.文化史　2.人文地理　3.吉林省

674.2408　　　　　　　　107002022

本著作物經廈門墨客知識產權代理有限公司代理，由時代文藝出版社授權萬卷樓圖書
股份有限公司出版、發行中文繁體字版版權。